수상한
수학 동굴
아이들

copyright ⓒ 2023, 류승재
이 책은 한국경제신문 한경BP가 발행한 것으로
본사의 허락 없이 이 책의 일부 또는 전체를 복사하거나
전재하는 행위를 금합니다.

(어린이를 위한 수학적 사고력 동화 2)

수상한 수학 동굴 아이들

| 류승재 글 | 정은선 그림 |

한경키즈

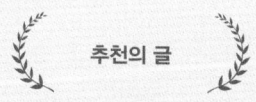

스몰빅클래스 조승우 대표

한 때 수포자가 될 뻔했던 학생으로서, 수학을 잘하게 되는 데 있어서 가장 중요한 것은 수학을 좋아하고 즐길 수 있는 마음을 가지는 것이라 생각합니다. 좋아하고 즐길 줄 안다면, 잘하게 되는 것은 시간 문제이니까요. 그런 점에서, 이론과 경험을 모두 갖춘 실전 수학교육 전문가 류승재 작가님의 신간 《수상한 수학 동굴 아이들》은 아이들에게 수학에 대한 흥미와 호감을 심어줄 수 있는 좋은 시작점이 될 거라 확신합니다. 이 책을 통해 우리 아이들의 수학적 사고력이 쑥쑥 자라길 소망합니다.

미스터리한 동굴에서 시작되는
두 번째 수학 모험, 같이 떠나요

《수상한 수학 감옥 아이들》의 두 번째 이야기,《수상한 수학 동굴 아이들》이 나왔습니다.

1편《수상한 수학 감옥 아이들》에서는 주인공 영실이가 아버지를 사고로 잃고, 낯선 곳으로 이사 와서 적응하는 이야기를 펼쳐 갔습니다. 자신감 없고 의욕이 없던 영실이가 약방 할아버지의 도움으로 예전에 좋아했던 수학을 다시 시작하는 이야기였습니다. 수학을 다시 공부하면서 영실이는 자신감을 되찾고 도전하는 자세를 가지게 됩니다. 이런 모습은 돌아가신 아버지가 영실이에게 바라던 모습이었죠.

이번 책《수상한 수학 동굴 아이들》에서는 영실이와 친구들이 우연히 들어간 동굴에서 시간을 조작하는 시계를 발견하고, 그것을 이용해 과거로 돌아가 영실이 아버지의 비행기 사고를 막기 위해 고군분투하는 모험을 그렸습니다. 과연 영실이와 친구들은 어려운 미션들을 해결하고 영실이 아버지를 살릴 수 있을까요?

이 이야기의 주인공 영실이는 실제 제가 가르쳤던 제자를 모티브로 했습니다. 그 제자는 매사에 자신이 없고 우유부단한 성격이었습니다. 성적도 그리 높지 않았습니다. 그러나 이 제자가 유일하게 잘하는 과목이 바로 수학이었습니다. 어려운 문제를 맞닥뜨려도 포기하지 않고 스스로 이해가 될 때까지 끈기 있게 풀어내곤 했죠. 그 결과 수학만은 고등학교에서 전교 1~2등을 했고, 친구들은 모르는 수학 문제가 생기면 그 친구에게 물어보곤 했습니다. 처음에는 쭈뼛거리던 제자는 시간이 흐르며 점차 자신감을 얻게 되었고, 수학뿐만이 아니라 일상에서도 문제를 적극적으로 해결하는 태도를 갖게 되었습니다. 결국 그 제자는 다른 과목의 점수는 다소 부족했지만 수리 논술로 꽤 좋은 대학에 들어갔고, 지금은 좋은 직장에서 일하고 있습니다. 이 제자를 보며 수학이 단순히 대학을 가기 위해 배워야 하는 학문이 아니라, 인생을 살아가는 자세를 배우는 과정이 될 수도 있음을 깨닫게 되었습니다.

영실이도 아버지가 돌아가신 후 모든 일에 의욕을 잃어버리지만, 수학이 영실이를 다시 일으켜 세웁니다. 그리고 역경을 극복하는 자신감과 강인함을 키워 줍니다.

이렇듯 어려운 문제를 포기하지 않고 푸는 행위는 인생에 큰 영향을 줍니다. 세상을 살아가다 어려움에 부딪혀도, 어려운 문제를 스스로 풀었던 경험을 한 사람들은 결코 포기하지 않습니다. 오히려 힘든 도전과 역경을 즐기고 해결해야 할 하나의 미션으로 여깁니다. 여러분도 이 책을 읽는 동안 영실이와 함께 어려운 수학 문제를 해결하며 성장하기를 기대합니다.

1편《수상한 수학 감옥 아이들》에서는 미션의 과제로 '수와 연산'과 '도형' 위주의 문제를 다뤘습니다. 2편《수상한 수학 동굴 아이들》은 '규칙성'과 '측정'에 해당하는 문제를 미션 과제로 넣었습니다. 동화를 읽으면서 자연스럽게 수학 문제를 해결하며 수학의 재미에 흠뻑 빠지기를 기원합니다.

류승재 선생님

차례

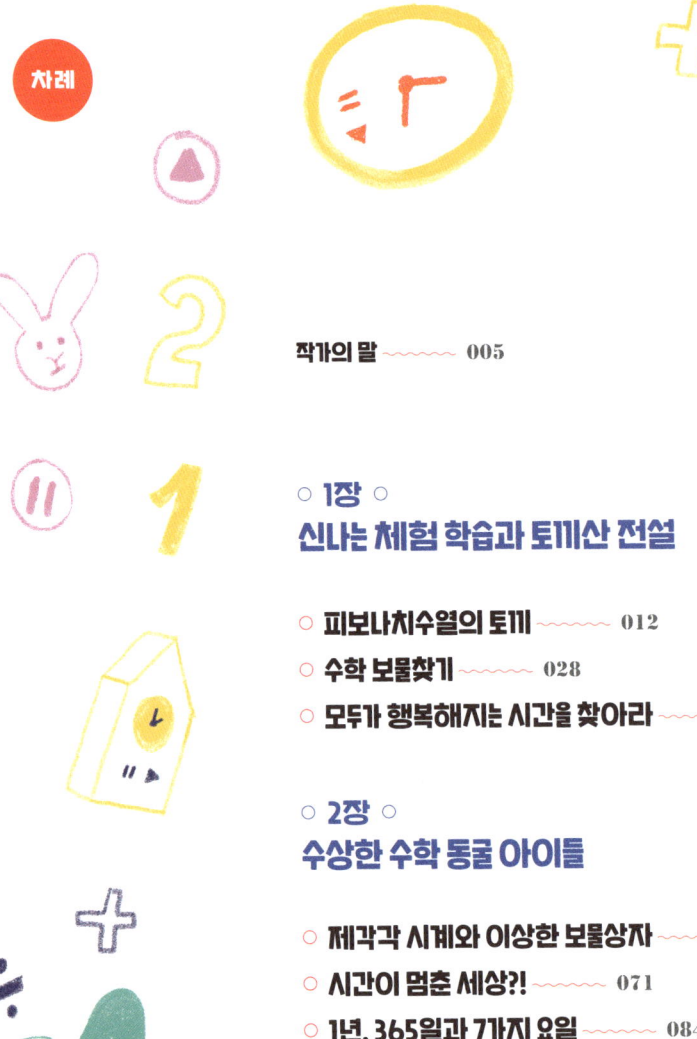

작가의 말 —— 005

○ 1장 ○
신나는 체험 학습과 토끼산 전설

- 피보나치수열의 토끼 —— 012
- 수학 보물찾기 —— 028
- 모두가 행복해지는 시간을 찾아라 —— 040

○ 2장 ○
수상한 수학 동굴 아이들

- 제각각 시계와 이상한 보물상자 —— 056
- 시간이 멈춘 세상?! —— 071
- 1년, 365일과 7가지 요일 —— 084

○ 3장 ○
쉿, 이건 우리만의 비밀이야!

- ○ 360도 시곗바늘 각도기 〜〜 098
- ○ 다시 멈춘 시간 〜〜 111
- ○ 사라진 열쇠는 어디에 〜〜 127

○ 4장 ○
아빠를 구하라!

- ○ 과거로 가는 시계와 고장난 열쇠? 〜〜 142
- ○ 늦게 도착한 과거 〜〜 160
- ○ 비행기를 못 뜨게 하는 방법 〜〜 170

○ 5장 ○
무너진 수학 동굴

- ○ 또 다른 영실이와의 만남 〜〜 192
- ○ 우리 현재에서 꼭 다시 만나! 〜〜 207

1장

신나는 체험 학습과 토끼산 전설

피보나치수열의 토끼

 띠리리리, 띠리리리.

 알람이 울리자마자 영실이는 눈을 반짝 떴다. 평소보다 이른 시간이었는데도 '5분만 더'를 외치기는커녕 오히려 콧노래까지 흥얼거리며 경쾌하게 침대를 빠져나왔다. 방문을 열고 나서니 고소한 참기름 냄새가 기다렸다는 듯 몰려왔다.

 "엄마, 김밥 싸는 거예요?"

 영실이가 주방으로 들어서며 물었다.

 "그래, 일찍 일어났네."

 "우와! 벌써 이렇게 많이! 엄마, 저 배고파요!"

 식탁 위에는 기다란 김밥이 피라미드 모양으로 쌓여 있었다. 영실이는 군침이 절로 돌면서 갑자기 무척 배가 고파졌다. 영실이가 식탁 앞에 자리를 잡고 앉자 엄마가 재빨리 김밥 한 줄을 썰어 주었다.

"자, 맛이 어떤지 한번 먹어 봐."

영실이는 한꺼번에 김밥 두세 개를 집어서 입안에 쏙 집어넣고 신나게 씹더니 엄지손가락을 들어 보였다.

"최고예요! 지금까지 먹어 본 것 중에서 제일 맛있는 김밥이에요."

엄마가 흐뭇한 미소를 지었다.

"아침도 김밥, 점심도 김밥, 괜찮겠어?"

"완전 좋죠. 김밥은 아무리 먹어도 안 질려요. 날마다 먹으면 좋겠어요."

영실이 볼이 터질 것처럼 부풀어 오른 걸 보고 엄마가 컵에 물을 따라 줬다. 영실이는 물 한 모금을 시원하게 넘기고는 말을 이었다.

"엄마, 오늘 우리가 체험 학습 가는 토끼산이요."

"그래, 이 동네 토끼산으로 간다면서? 그런데 거기 체험할 만한 게 있어?"

"애들도 난리예요. 저는 전학 와서 처음 가 보는 거라 좋은데, 원래 여기 살던 애들은 몇 번씩 가 봐서 흥미가 없나 봐요."

"그렇겠지."

"애들이 놀이공원 같은 데로 가면 안 되냐고 선생님을 엄청나게 졸랐는데 소용이 없었어요."

조잘거리랴, 김밥 먹으랴 바쁜 영실이를 보며 엄마가 웃으면서 말했다.

"영실아, 그런데 너 토끼산이라는 이름이 어떻게 붙여졌는지 알아?"

"음, 토끼가 많이 살아서 그런 거 아니에요?"

"호호, 맞아. 어제 내가 위층 할아버지께 여쭤봤거든. 옛날에 그 산에 토끼가 어마어마하게 많았다고 하시더라."

"정말요?"

"그래, 토끼가 번식력이 강한 동물이잖니. 산에 풀들이 남아나지 않을 정도로 많았대."

"엄마, 경하가 그러던데 지금은 토끼가 거의 없대요."

"맞아. 할아버지께 들었어. 그래도 토끼산이라는 이름에 어울리게 구청에서 10여 마리는 풀어 놓고 관리하나 보더라."

"번식력이 엄청나다니, 또 금세 바글바글해지겠네요?"

영실이가 접시에 남은 마지막 김밥을 집어 먹으며 물었다.

"그러면 안 되니까 특별 관리를 하겠지. 또 사람들이 산에다가 토끼를 몰래 내다 버리지 못하게 엄청나게 신경 써서 관리한대."

영실이는 문득 그렇게 관리당하며 사는 토끼들이 불쌍하다는 생각이 들었다.

"영실아, 몇 시니? 이제 씻어야 할 것 같은데?"

"앗, 오늘은 절대 늦으면 안 돼요!"

영실이는 시계를 한번 올려다보고는 욕실로 폴짝 뛰어 들어갔다.

"임영실! 왜 이렇게 늦게 오냐?"

영실이가 교실에 들어서자, 수학의 발견 동아리 활동을 함께 하며 친해진 기현이가 손을 흔들며 반갑게 맞아 주었다.

"뭐가 늦어? 너희가 빨리 온 거지."

정말 그랬다. 평소 같으면 반도 안 왔을 텐데 이미 다들 와 있었다. 아이들이 의자가 아닌 책상에 삐죽삐죽 걸터앉아 있어서 비집고 들어가야 할 정도였다. 게다가 어찌나 떠들어 대는지 어수선하기 짝이 없었다.

"아깝다! 임영실 좀만 더 늦으면 지각하는 건데……."

한동안 잠잠하던 신주성이 다시 시비를 걸었다. 한마디 쏘아붙일까 하는 참에 경하가 다가와 물었다.

"영실아, 너 외계 토끼 얘기 들었어?"

"외계 토끼? 그게 뭐야?"

"토끼산에 아주 오랜 옛날에는 거대한 토끼가 살고 있었대. 상상 이상으로 컸다는데, 외계에서 온 종족일 거라는 말이 있어."

"정말?"

"응. 외계 토끼들이 시간여행을 하다가 지구에 불시착했고, 어떤 이유인지 모르지만 자기들 고향으로 돌아가지 못한 거야."

"흐음, 유에프오 기술이 부족했나 보군."

영실이는 고개를 갸웃거리며 심드렁하게 혼잣말을 했다.

"뭐, 아무튼 그래서 지구에 남았는데 지구 환경에 적응하다가 지금의 토끼와 같은 모습을 하게 된 거래. 그러니까 그 외계 토끼의 자손들이 지금 토끼산에 살고 있는 녀석들이지."

영실이는 웃음이 터져 나올 뻔했지만 경하가 기분 나빠할까 봐 참았다. 토끼의 조상이 외계 종족이라는 건 상상력이 너무 지나치다는 생각이 들었다. 때마침 기현이가 다가와서 영실이의 속마음을 대변해 주었다.

"넌 그 말을 누구한테 들었냐? 뻥 아니야?"

"뻥 아니야! 아빠가 얘기해 줬어. 아빠는 할아버지한테 들었고."

경하가 하도 강하게 주장하는 바람에 영실이와 기현이는 아무 말도 하지 못했다.

그때 담임 선생님이 들어오셨다.

"자, 다들 온 것 맞지?"

선생님이 교실을 한번 훑어보며 말씀하셨다.

"네!"

"선생님, 질문 있습니다!"

기현이가 손을 번쩍 들고 외쳤다. 영실이는 기현이가 제발 외계 토끼 이야기로 시간을 끌지 않기만을 바랐다. 다행히 영실이의 바람은 선생님 덕에 단박에 이루어졌다.

"기현아, 혹시 외계 토끼 이야기라면 사양할게. 선생님이 이 학교에 와서 체험 학습 하러 토끼산에 갈 때마다 지겹게 들은 이야기거든. 제발 너희가 외계 토끼들이 숨겨 놓았다는 유에프오인지 타임머신인지 좀 찾아서 그게 사실이라는 걸 증명해 주렴."

"하하하, 하하하하."

교실 곳곳에서 아이들의 웃음소리가 터져 나왔다.

"선생님, 그럼 다 거짓말이에요?"

경하가 물었다.

"그야 나도 모르지. 그런데 토끼산에 정말 커다란 토끼가 엄청나게 많이 산 적이 있다는 얘기는 들었어."

"선생님, 토끼는 새끼를 얼마나 많이 낳아요?"

이번에는 영실이가 물었다.

"토끼는 임신 기간이 무척 짧단다. 한 달이 채 안 되지. 그리

고 바로 또 새끼를 가질 수 있고, 한 번에 네 마리에서 여덟 마리까지 낳을 수 있어. 그러니 개체수가 기하급수적으로 늘어나는 건 시간문제겠지?"

아이들이 제 방식대로 다양한 감탄사를 쏟아 냈다. 선생님은 잠시 휴대전화의 시간을 확인하시더니 칠판에 무언가를 쓰며 말했다.

"기왕 이야기가 나온 김에 토끼와 수열 이야기를 해 줄게."

"아, 망했다."

주성이는 토끼 얘기를 꺼내서 출발 시각이 늦어지게 한 영실이와 경하, 기현이를 보며 짜증 섞인 한숨을 내쉬었다.

"이탈리아 수학자 피보나치는 포식자가 없을 때 한 쌍의 토끼가 늘어나는 것을 관찰하고, 늘어나는 개체수를 적어 나갔어. 피보나치가 쓴 책에는 이렇게 적혀 있었지."

> 어떤 농부가 갓 태어난 토끼 한 쌍을 가지고 있었다. 이 한 쌍의 토끼는 두 달 후부터 매달 암수 한 쌍의 새끼를 낳으며, 새로 태어난 토끼도 태어난 지 두 달 후부터는 매달 암수 한 쌍의 새끼를 낳는다고 한다. 1년이 지나면 모두 몇 쌍의 토끼가 있을까?

선생님은 아이들에게 칠판에 적힌 글을 큰 소리로 읽게 하고는 토끼를 그리기 시작했다.

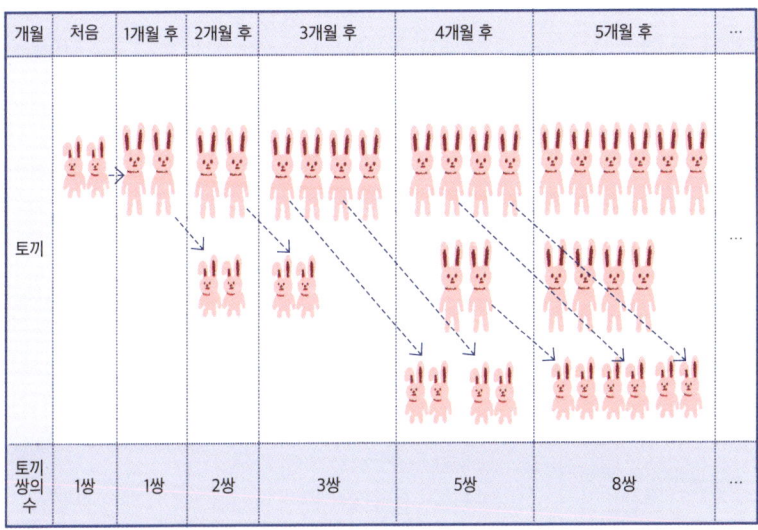

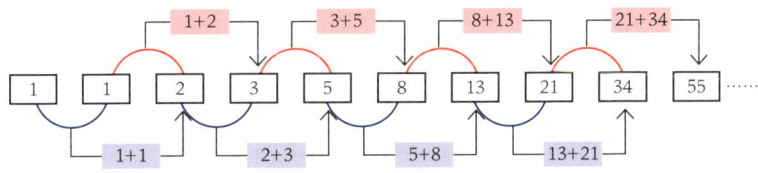

"얘들아, 잘 봐. 한 쌍의 토끼가 한 달 후에는 어른 토끼로 자라고, 한 달이 더 지나면 새끼를 낳아. 그러면 두 쌍의 토끼가 되지? 그리고 한 달이 더 지나면, 그러니까 석 달 뒤에는 원래 있던 토끼가 한 쌍을 낳을 테니 세 쌍의 토끼가 되지."

선생님이 다 자란 토끼와 새끼 토끼를 구분해서 이해하기 쉽도록 표와 그림으로 그려 주자, 아이들은 자기도 모르게 이야기에 빠져들었다.

"이런 식으로 한 달마다 늘어나는 토끼가 몇 쌍인지 숫자로 적어 보면 1, 1, 2, 3, 5, 8, 13, 21, 34, ……가 된단다."

"우와! 늘어나는 속도가 엄청나네요."

"그렇지? 이걸 피보나치수열이라고 해. 자, 이제 저 숫자들 사이에 어떤 규칙이 있는지 말해 볼 사람?"

아이들이 규칙을 찾아내느라 조용한 사이 하늬가 손을 번쩍 들었다. 같은 수학 동아리 멤버인 하늬는 요즘 수학보다 과학에 관심이 많아졌다고 했다. 얼마 전에는 도서관에 있는 과학책을 몽땅 다 읽었다는 소문이 돌 정도였다.

"바로 앞에 있는 두 수의 합이 뒤의 수가 되는 규칙이 있어요."

"맞았어. 아주 정확해!"

아이들도 감탄한 얼굴로 손뼉을 쳐 주었다.

"좋아, 조금만 더 나가 보자. 피보나치수열에는 비밀이 숨어 있어. 그 비밀의 키워드는 바로 '황금비'란다."

"황금비요? 하늘에서 황금으로 된 비가 내리는 거예요?"

"에이, 아재개그."

기현이의 엉뚱한 농담을 좋아하는 영실이는 싱긋 웃었지만, 주성이는 퉁명스럽게 핀잔을 줬다.

"그게 아니고 황금비율을 말하는 것 같은데?"

이번에도 하늬였다.

"하늬 말이 맞았어. 피보나치수열에서 뒤의 수를 앞의 수로 나누면 ($\frac{뒤의 수}{앞의 수}$) 특정한 값(1.618……)에 점점 가까워지는데, 그 값을 '황금비'라고 부른단다."

피보나치수열: 1, 1, 2, 3, 5, 8, 13, 21, 34, 55, 89, ……

$$\frac{뒤의 수}{앞의 수} : \frac{1}{1}, \frac{2}{1}, \frac{3}{2}, \frac{5}{3}, \frac{8}{5}, \frac{13}{8}, \frac{21}{13}, \frac{34}{21}, \frac{55}{34}, \frac{89}{55}, ……$$

$$\frac{55}{34} = 55 \div 34 ≒ 1.618, \quad \frac{89}{55} = 89 \div 55 ≒ 1.618$$

선생님이 칠판에 적은 나눗셈들의 답은 정말 신기하게도 점점 1.618에 가까워졌다.

그때였다. 주성이가 자리에서 일어나더니 조급한 목소리로 창밖을 가리키며 말했다.

"선생님, 다른 반은 다 출발해요."

주성이 말마따나 다른 반 아이들은 담임 선생님을 따라 줄지어 교문을 나서고 있었다.

"선생님, 우리는 언제 가요?"

"체험 학습 가는 날도 수학을 해야 한다니 너무해요."

여기저기서 주성이에게 동조하는 목소리가 터져 나왔다.

"좋아, 황금비 이야기는 다음번에 해 줄게. 우리도 출발하자! 가방들 잘 챙기고, 빠뜨린 것 없는지 주변 한번 둘러보고. 자, 가자."

영실이는 기현이, 경하와 앞서거니 뒤서거니 하며 교문을 향했다.

○ 콕콕 짚고 가요! ○

이야기 속에 숨어 있는 수학 개념

피보나치수열의 비밀을 열심히 알아보다 보니 영실이와 친구들이 토끼 문제의 정답을 찾는 것을 깜빡하고 말았어요! 방금 배운 피보나치수열의 개념을 정리해 보고, 1쌍의 토끼가 1년 뒤에는 몇 쌍의 토끼로 늘어날지 정답을 찾아볼까요?

- 피보나치수열: 처음 두 항을 1과 1로 한 후, 그다음 항부터는 바로 앞의 두 항을 더해 만드는 수열
- 피보나치수: 피보나치수열에 속한 수

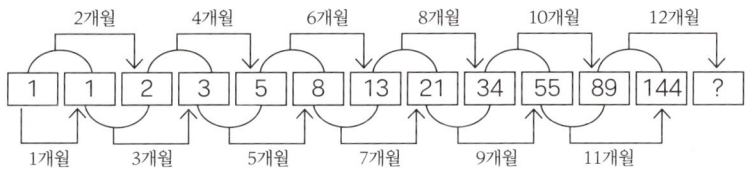

피보나치수열의 규칙성을 이용해 앞의 두 항인 89와 144를 더하면 열두 달 뒤, 그러니까 1년 뒤에는 토끼가 233쌍이 된다는 것을 알 수 있어요!

피보나치수열의 재미있는 특성을 더 알아볼까요?

1. 분수로 나타내기

피보나치수열의 $\frac{뒤의\ 수}{앞의\ 수}$로 표현되는 분수는 모든 수가 1인 분수로 나타낼 수도 있어요. 바로 다음과 같이 된답니다.

- $\frac{2}{1} = 1 + \frac{1}{1}$

- $\frac{3}{2} = 1 + \frac{1}{2} = 1 + \frac{1}{\frac{2}{1}} = 1 + \frac{1}{1+\frac{1}{1}}$ ($\frac{2}{1} = 1 + \frac{1}{1}$ 이용)

- $\frac{5}{3} = 1 + \frac{2}{3} = 1 + \frac{1}{\frac{3}{2}} = 1 + \frac{1}{1+\frac{1}{1+\frac{1}{1}}}$ ($\frac{3}{2} = 1 + \frac{1}{1+\frac{1}{1}}$ 이용)

2. 황금비

피보나치수열에서 뒤의 수를 앞의 수로 나누면($\frac{뒤의\ 수}{앞의\ 수}$) 특정한 값(1.618……)에 점점 가까워져요. 1:1.618은 인간이 인식하기에 가장 균형적이고 이상적으로 보이는 비율이기 때문에 '황금비'라고 부른답니다. 도형에서도 황금비를 찾아낼 수 있는데, 대표적인 것이 정오각형과 그 안에 만들어진 별 모양입니다.

다음 도형에서 $\frac{\text{파란색 변의 길이}}{\text{빨간색 변의 길이}} = \frac{\triangle}{\square}$의 값을 구하면 1.618……, 바로 황금비가 되지요.

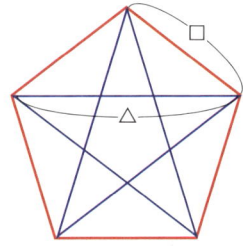

황금비는 황금사각형에도 적용되는데, 우리 눈에 가장 안정적으로 들어오는 사각형이에요. 일상에서도 많이 볼 수 있는데 바로 신용카드, 컴퓨터 모니터, 텔레비전 화면의 가로세로 비율이 황금비에 가깝답니다.

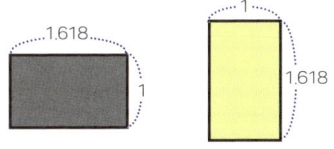

〈자연에서 발견되는 피보나치수열을 더 찾아보고 그 이유를 생각해 볼까요?〉

수학 보물찾기

 피보나치수열 때문에 영실이네 반은 토끼산에 제일 늦게 도착했다. 다른 반은 벌써 동그랗게 모여 앉거나 삼삼오오 둘러앉아 무언가 활동을 하고 있었다. 영실이네 반이 자리를 잡은 곳은 토끼산 입구 쪽 중앙광장이었다.
 "얘들아, 저기 봐. 토끼야!"
 영실이가 토끼를 발견하고 큰 소리로 외치자 아이들의 시선이 모두 그쪽으로 쏠렸다. 자그마한 토끼 몇 마리가 앙증맞은 모습으로 당근을 먹고 있었다.
 "우리 엄마가 그러는데, 여기 사는 토끼들은 구청에서 관리하는 거래."
 영실이 말에 하늬가 맞장구를 쳤다.

"맞아, 우리 이모가 토끼 돌보미 자원봉사자야."

"그런 것도 있어?"

"응. 봉사자들이 번갈아 가며 찾아와서 토끼 급식소에 먹이를 채워 줘."

이때 선생님의 목소리가 들렸다.

"자자, 얘들아, 모두 모였지? 더 늦기 전에 우리 반도 자유 활동을 시작해 볼까?"

"네!"

"선생님, 2반은 장기자랑 한대요. 우리 반은 뭐 해요?"

영실이네 담임 선생님은 다른 반 선생님과 달리 자유 활동이 뭔지 철저히 비밀에 부치셨다. 선생님은 이날 아침까지도 "가서 보면 알게 돼."라고만 하셨다.

"우리 반은 보물찾기를 할 거예요."

드디어 꼭꼭 숨겨졌던 자유 활동의 정체가 드러나는 순간이었다.

"우와! 대박!"

"1등은 당연히 이 몸이시지!"

주성이의 흔한 잘난 체에 몇몇 아이의 표정이 찌푸려졌다.

"선생님, 지금부터 찾으면 돼요?"

영실이도 1등을 놓치고 싶지 않았다.

"아니, 우리가 할 보물찾기는 단순한 보물찾기가 아니야. 바로 선생님이 일주일 동안 꼼꼼히 준비한 '수학 보물찾기'란다."

영실이는 제 귀를 의심했다. 그건 다른 아이들도 마찬가지였다. 수학이라는 말에 모두 믿을 수 없다는 표정을 지어 보였다.

"어째 다들 실망한 것 같네. 하지만 이건 수학적 사고력뿐만 아니라 추리력, 협동력을 모두 필요로 하는 아주 재밌는 놀이란다."

"후유, 결국은 수학 문제를 풀어야 하잖아요."

경하가 한숨을 내쉬며 말했다.

"물론이지. 자, 우리 경하는 기현이랑 영실이랑 한 팀이야. 셋이 수학적 사고력으로 추리하고 지도를 보며 보물이 숨겨진 장소를 찾아가 보물을 찾아오는 건데……. 경하야, 하지 말까?"

"아니요, 재밌을 것 같아요. 해 볼래요."

경하가 눈빛을 반짝이며 말했다. 다른 아이들의 눈빛도 조금 전과는 달라졌다. 선생님이 일부러 친한 친구들과 팀을 짜 놓았다는 말에 아이들은 손뼉을 치며 좋아했다.

"자, 세 명씩 모두 일곱 팀이야. 이제 팀별로 한 사람씩 나와서 여기 있는 이 봉투를 하나씩 골라 가면 된단다."

"선생님, 그게 뭔데요?"

"이 안에 수학 추리 문제가 들어 있어."

영실이가 고른 건 노란색 봉투였다.

일곱 팀이 모두 봉투를 나누어 가지자, 선생님은 팀별로 흩어져서 문제를 풀면 된다고 하셨다.

"우리는 어디로 갈까?"

기현이 말에 영실이가 조금 전까지 토끼들이 있던 언덕을 가리켰다.

"저기, 저기로 가자!"

영실이와 기현이, 경하는 언덕을 향해 뛰어갔다.

"이 봉투, 내가 열어 봐도 되지?"

"응. 얼른 열어 봐."

기현이는 영실이 말이 끝나기 무섭게 봉투를 열고 문제를 꺼낸 뒤 친구들이 잘 볼 수 있도록 바닥에 내려놓았다.

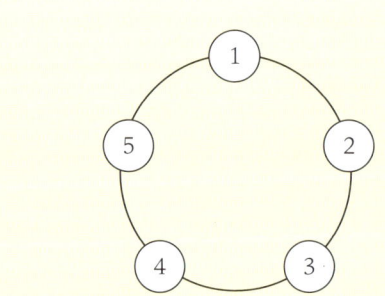

원 위에 5개의 숫자판 1, 2, 3, 4, 5가 있습니다.

한 마리의 토끼가 이 숫자판을 시계방향으로 뛰어 돌고 있습니다. 홀수인 숫자판에서는 한 칸을, 짝수인 숫자판에서는 두 칸을 뜁니다.

> 토끼의 처음 위치가 5번 숫자판이었고 1,000번을 뛰었다고 할 때, 토끼는 어느 숫자판에 있게 될까요?
> ① 1　　② 2　　③ 3　　④ 4　　⑤ 5

"어휴, 또 토끼야."

"그러게. 오늘은 아침부터 계속 토끼네."

경하 말에 영실이가 답했다.

기현이는 어느새 부러진 나뭇가지를 하나 주워 들고 바닥에 뭔가를 그리고 있었다. 잘 보니 문제에 나온 숫자판 모양과 대강 비슷한 그림이었다.

"기현아, 뭐 해?"

"내가 토끼다 생각하고 한번 뛰어 보려고."

"설마 1,000번을?"

경하가 어이없다는 표정을 지어 보였다.

"응. 안 돼?"

"수학 문제를 머리로 풀어야지 다리로 풀면 되겠냐?"

영실이가 가방에서 노트와 펜을 꺼내며 말했다. 영실이는 노트에 그림을 그리고 문제를 풀어 나갔다.

"먼저 토끼가 5번 숫자판에 있었으니까 한 칸을 이동해야겠지?"

"맞아."

"그럼 1로 이동한 뒤 다시 한 칸을 이동해서 2로 가야겠네."

"그렇지."

"2번 숫자판은 짝수니까 다음은 두 칸 이동해서 4번 숫자판으로 가면 돼."

이번에는 경하가 차분하게 말했다.

"좋아. 그럼 내가 숫자판의 이동 경로를 순서대로 적어 볼게."

5→1→2→4→1→2→4→1→2→4→ ……

"어? 반복된다!"

"1, 2, 4. 다시 1, 2, 4! 계속 반복되나 봐."

경하의 발견에 기현이가 추임새를 넣었다.

"하하하, 좋았어! 생각보다 간단하겠어."

영실이는 숫자 1,000을 3으로 나누어 보았다. 몫 333과 나머지 1이 나왔다.

"왜 3으로 나눈 거야?"

기현이가 물었다.

"1, 2, 4 또 1, 2, 4 식으로 세 칸씩 반복하잖아. 그러니까 1,000

번을 세 칸씩 나누면 몇 번을 뛰는지 알 수 있지. 계산해서 나온 숫자가 333이야."

"아하!"

"그럼 한 번만 더 뛰어서 나오는 숫자를 맞히면 되는 거지?"

경하가 물었다.

"맞아. 숫자 5에 서 있다가 한 번 뛰어서 1로 갔지? 그런 다음 999번을 뛰면 3번씩 333번을 뛰는 셈이니까, 결국 숫자 1에 가 있겠지."

영실이가 경하와 기현이의 표정을 살피며 물었다.

"응. 알겠어."

"나도 이해돼."

"그럼 정답은?"

"숫자 1!"

두 아이는 토끼산이 쩌렁쩌렁 울릴 만큼 큰 소리로 정답을 외쳤다.

영실이는 문제를 다시 봉투에 넣고 경하, 기현이와 함께 선생님이 계신 곳으로 돌아왔다.

"어? 벌써 다 푼 거야?"

"네!"

근방에 있던 주성이가 빈정거리는 투로 말했다.

"문제가 되게 쉬웠나 보다. 그치?"

"맞아. 완전 누워서 떡 먹기였어. 너희 팀은 다 풀었냐?"

"당연하지. 근데 문제가 좀 생겼어. 내가 정답을 찾았는데 하늬가 자꾸 틀렸다는 거야. 어휴, 답답해!"

주성이는 주먹으로 가슴을 쿵쿵 내리치는 시늉을 했다.

그러고 보니 주성이는 선생님 앞에 와서 어슬렁거리고 있었고, 같은 팀원인 하늬와 종호는 머리를 맞대고 문제를 풀고 있었다.

"주성아, 아까 선생님이 이 활동은 팀원끼리 협동해야 한다고 하셨잖아. 너희 팀 점수 깎이는 것 아니야?"

경하가 눈짓으로 선생님을 가리키며 말했다. 역시나 선생님이 아이들을 둘러보며 무언가를 적고 계셨다.

"으아아아아! 망했다."

주성이가 허둥지둥 제 팀으로 돌아가는 걸 보며 영실이와 경하, 기현이는 쌤통이라는 눈빛을 주고받았다.

○ 콕콕 짚고 가요! ○

이야기 속에 숨어 있는 수학 개념

영실이네 팀은 1,000번을 뛰지 않고도 어떻게 답을 알아냈을까요? 그건 바로 문제 속에서 '규칙'을 찾았기 때문이죠. 일정한 규칙이 있는 수의 배열을 '수열'이라고 불러요. 앞에서 배운 피보나치수열 역시 일정한 규칙을 가지고 있는 수열이죠. 세 친구가 활용한 수열을 조금 더 자세히 살펴볼까요?

1. 등차수열

등차수열은 첫 번째 수부터 차례로 일정한 수를 더하여 만들어지는 수의 배열을 말해요. 예를 들어 '1, 3, 5, 7, ……'은 2를 더해서 만들어지는 등차수열이죠. 앞의 수에 2를 더해 나가면 그다음 수들을 구할 수 있어요.

- $3 = 1+2 = 1+2 \times 1$: 간격이 1칸
- $5 = 1+2+2 = 1+2 \times 2$: 간격이 2칸
- $7 = 1+2+2+2 = 1+2 \times 3$: 간격이 3칸
- 10번째 수 $= 1+2 \times 9$: 간격이 9칸

2. 등차수열의 합

'3+5+7+9+11+13+15+17'은 어떻게 구할까요?
먼저 숫자의 배열을 거꾸로 쓴 다음 위아래 한 쌍을 더합니다.

$$
\begin{array}{r}
 3+ 5+ 7+ 9+11+13+15+17 \\
+\ 17+15+13+11+ 9+ 7+ 5+ 3 \\
\hline
20+20+20+20+20+20+20+20
\end{array}
$$

각 쌍의 합이 모두 20이고 20의 개수가 8개이므로, '20×8=160'의 값을 구할 수 있어요. 하지만 두 줄의 합이 아니라 한 줄의 합만 구하면 되므로, 2로 나누어 줍니다. 즉, '(3+17)×8÷2=80'이 되지요.
풀이에서 알 수 있듯이, 등차수열의 합을 구하는 방법은 '(첫번째 수+마지막 수)×숫자의 개수÷2'입니다.

모두가 행복해지는 시간을 찾아라

삐이익, 삐이이익!

잠시 후, 선생님이 호루라기를 불어 반 아이들을 불러모았다.

"다들 배고프지? 기다리고 기다리던 점심시간이란다."

"야호! 신난다!"

아이들은 저마다 가방을 열고 도시락을 꺼내기 시작했다.

"선생님, 전 벌써 1시간 전부터 배에서 꼬르륵거리고 난리도 아니었어요."

"하하하, 기현이 배꼽시계는 주인 닮아서 성격이 급한가 보네."

선생님은 팀과 상관없이 자유롭게 모여 앉아 도시락을 먹으면 된다고 하셨다.

"혹시 누구 도시락 안 싸 온 사람 있니?"

아이들이 서로를 둘러보았지만 손을 드는 친구는 없었다.

"좋아! 선생님들은 저 정자에 모여서 함께 식사하니까 무슨 일이 있으면 저기로 오면 돼. 맛있게 먹으렴."

아이들은 군데군데 자리를 잡고 모여 앉아 도시락을 먹기 시작했다. 영실이와 경하, 기현이도 자리를 잡고 앉았는데 주성이네 팀 아이들이 다가왔다.

"우리도 같이 먹어도 돼?"

"좋아!"

그런데 이상한 일이었다. 다들 김밥 도시락을 꺼내 놓았는데 경하는 가방 안을 뒤적이기만 할 뿐 도시락을 꺼내지 않았다.

"경하야, 점심 안 먹어?"

영실이가 물었다.

"아침을 많이 먹고 와서 그런지 배가 하나도 안 고파."

경하는 이렇게 말하더니 쭈뼛거리며 빵과 우유를 꺼내 놓았다. 경하는 그러고 나서도 자꾸만 가방을 뒤적거렸다.

"빨대가 어디 갔지? 어휴, 빨대가 안 보이네."

종호가 김밥을 입안으로 욱여넣으며 물었다.

"경하야, 엄마가 김밥 안 싸 주셨어?"

"응. 우리 엄마 어제 야간 근무여서 오늘 아침에 퇴근하셨거든. 그리고 나 원래 김밥보다 빵을 더 좋아해."

얼마 전 교문 앞 분식집에서 경하와 김밥을 먹었을 때는 듣지 못 했던 말이었다. 영실이는 경하가 거짓말을 하고 있다는 걸 알아차렸다. 그와 동시에 경하가 "아빠가 회사를 그만두는 바람에 엄마가 일을 하러 다녀."라고 했던 말이 생각났다. 아마도 그래서 김밥 도시락을 싸 오지 못한 것 같았다.

"와! 이 빵 내가 진짜 좋아하는 건데."

영실이가 경하의 빵을 집어 들며 말했다.

"경하야, 나랑 바꿔 먹으면 안 돼? 나 아침에도 김밥 먹고 왔거든. 점심까지 김밥을 먹자니 너무 질려서 그래."

영실이가 미간을 있는 대로 찌푸리며 말했다.

"정말?"

"응. 나 빵이랑 우유가 너무 먹고 싶어."

영실이는 이렇게 말하며 제 도시락 뚜껑을 열어 경하에게 내밀었다. 경하는 빵과 우유, 가방 안에서 찾아낸 빨대까지 내주고는 영실이의 도시락을 받아 들었다.

아이들은 의좋게 서로의 도시락을 넘나들며 젓가락질을 했다. 누구네 김밥이 제일 맛있다는 둥 누구네 김밥은 색깔이 정말 예쁘다는 둥 신이 나서 떠들어 가며 맛있게 점심을 먹었다. 경하에게 흔쾌히 도시락을 양보한 영실이도 빵과 우유를 맛있게 먹었다.

"근데 너희 팀은 수학 문제 답이 금방 나왔어?"

종호가 영실이와 경하, 기현이를 차례로 둘러보며 말했다.

"응. 너희는 답을 아직 못 찾았어?"

"그건 아닌데, 우리는 각자 생각하는 답이 다 달라."

종호는 이렇게 말하더니 파란색 봉투에서 문제를 꺼내 영실이와 경하, 기현이 앞에 내놓았다. 영실이는 깜짝 놀랐다. 순식간에 일어난 일이라 종호의 행동을 막을 생각조차 하지 못했다.

"야! 이걸 다른 팀에 막 보여 줘도 돼?"

"안 돼? 선생님이 그러면 안 된다고 말씀 안 하셨잖아."

"그래도……."

영실이는 불안한 마음에 이렇게 말했지만 내심 아까부터 주성이네 팀 문제가 궁금하던 차였다.

"어휴, 답답해! 내가 말한 게 정답이라니까."

주성이 말투에 또 짜증이 섞여 있었다.

"난 주성이랑 생각이 달라."

"나도!"

하늬와 종호의 말에 영실이와 기현이, 경하는 호기심이 생겼다.

'도대체 무슨 문제이기에 세 명이 구한 답이 다 다를까?'

영실이와 기현이, 경하는 선생님이 계신 정자를 한번 힐끗 확인하고는 파란색 종이에 적힌 문제를 집중해 들여다보았다.

> 시헌이의 아빠와 엄마는 서로 다른 직장에 다닙니다.
> 아빠는 2일 일하고 1일 쉬고, 엄마는 5일 일하고 2일 쉽니다.
> 시헌이는 아빠와 엄마가 동시에 쉴 때마다 함께 놀러 가기로 했습니다.
> 1월 1일부터 시헌이 아빠와 엄마가 동시에 일을 시작한다면, 1년 (365일) 동안 시헌이 가족은 몇 번 놀러 갈 수 있을까요?

"아! 누구 달력 가진 사람 없어?"

"달력은 왜?"

기현이가 느닷없이 달력을 찾자 주성이가 물었다.

"왜긴? 1월 1일부터 체크해 보면 답을 금방 알 수 있잖아."

"헐! 멍청하게 1년 달력에 그걸 다 표시한다고?"

주성이가 눈이 휘둥그레져서 또 물었다.

"응. 안 되나?"

기현이는 대놓고 멍청하다고 하는데도 기분 나쁜 기색 없이 그냥 머리만 긁적이며 중얼거렸다. 이때 하늬가 나서서 말했다.

"그럴 필요 없어. 이건 최소공배수를 구해서 풀면 간단해."

"최소공배수?"

처음 듣는 단어인 듯 경하가 물었다.

"응. 아빠는 3일에 한 번씩 쉬고 엄마는 7일에 두 번씩 쉬잖아."

"맞아."

영실이는 하늬의 풀이에 귀가 솔깃해졌다.

"할아버지에게 배웠는데 이럴 땐 3과 7의 최소공배수를 구해야 한댔어."

"최소공배수가 뭐야?"

기현이가 물었다.

"3의 배수와 7의 배수를 구했을 때 공통으로 나오는 숫자가 있잖아? 그중에서 가장 작은 수를 말하는 거야."

"아아, 복잡하지만 뭔지 대충 알 것 같아."

경하가 말했다.

"이게 뭐가 복잡하냐? 2의 배수는 2, 4, 6, 8, 10, 12, 14, ……식으로 구하잖아. 그리고 4의 배수는 4, 8, 12, 16, 20, 24, ……처럼 구할 수 있어."

주성이가 잘난 체를 하며 설명을 계속했다.

"그 두 수의 배수 중에 공통으로 겹치는 배수는 4, 8, 12, ……가 되지? 그중에서 가장 작은 수는 4잖아. 그걸 최소공배수라고 하는 거야."

"맞아. 종호랑 나도 주성이 설명에는 동의하거든. 그리고 3과 7의 최소공배수는 21이라고 나왔어."

이번에는 하늬가 말했다.

"그런데도 답이 서로 달라?"

영실이가 의아한 듯 물었다.

"그럴 땐 일일이 써 보는 게 제일 확실해."

기현이는 이렇게 말하더니 문제 속 아빠·엄마의 일하는 날과 쉬는 날을 표로 만들기 시작했다.

	1	2	3	4	5	6	7	8	9	10	11	12	13	14	15	16	17	18	19	20	21
아빠	X	X	O	X	X	O	X	X	O	X	X	O	X	X	O	X	X	O	X	X	O
엄마	X	X	X	X	O	O	X	X	X	X	O	O	X	X	X	X	O	O	X	X	O

"표가 잘 말해 주네. 21일 동안 부모님이 동시에 쉬는 날은 2일이야. 그러니까 365일 동안 아빠와 엄마가 동시에 몇 번 쉬는지 알기 위해 365에 21이 몇 번 들어가는지 알아보면 되겠다."

영실이가 말했다.

"17이야! 암산으로도 알 수 있지. 그런데 21일 동안 동시에 쉬는 날이 2일이니까 17에 2를 곱해야 해. 그러니까 정답은 34야."

주성이는 자신만만해 보였다.

"주성아, 그런데 나머지 8일도 있잖아."

하늬가 차근차근 설명을 이어 갔다.

"그러니까 '365=21×17+8'이라는 얘기지. 365에는 21이 열일곱 번 들어가고 8이 남아. 기현이가 그린 표를 보면 8일 동안 시헌이 아빠와 엄마는 딱 한 번 동시에 쉬는 걸 알 수 있어. 즉 365일 동안 시헌이 아빠와 엄마가 동시에 쉬는 날은 '17×2+1', 정답은 35일이지."

하늬의 설명이 어찌나 똑 부러지는지 나머지 아이들은 입을 벌린 채 서로 눈치만 볼 뿐이었다. 제일 먼저 말을 꺼낸 것은 주성이였다.

"헐! 내가 8이 남는 걸 깜빡했네."

그때 선생님의 호루라기 소리가 들려왔다.

삐이익, 삐이이익!

종호가 문제지를 접어 봉투에 넣고는 주성이, 하늬와 함께 선생님 앞으로 뛰어갔다.

"쟤네 팀은 저렇게 협동이 안 돼서 어떡하냐. 우승하기 힘들겠다."

기현이가 혼잣말처럼 중얼거렸다.

"그러게. 상대방 의견에 조금만 귀를 기울이면 답이 뭔지 금방 알 수 있었을 텐데 말이야."

경하 말에 영실이도 고개를 끄덕이며 주성이네 팀을 바라봤다.

"얘들아, 이건 선생님이 만든 보물지도야. 지도 속 중앙광장이 지금 우리가 있는 곳이지. 너희가 수학 문제의 답을 잘 찾았다면 그 답이 보물이 숨겨진 장소를 찾는 데 힌트가 되어 줄 거야. 알겠니?"

"네!"

아이들은 보물지도라는 말에 어느 때보다 크고 씩씩하게 대답했다.

선생님은 팀별로 지도를 한 장씩 나누어 준 뒤 찾아갈 장소를 알아낸 팀은 보물을 찾아 출발해도 좋다고 말씀하셨다. 아이들은 문제가 든 봉투를 받았을 때보다 더 잽싸게 팀별로 이동했다.

"우와! 우리 선생님 지도 진짜 잘 그리신다."

기현이가 감탄하며 말했다.

"기현아, 그럴 때가 아니야. 우리 보물이 숨겨진 장소를 먼저 찾아야 해."

"아! 그렇지."

영실이와 기현이, 경하는 보물지도를 꼼꼼히 살펴보았다. 지도는 토끼산 곳곳, 즉 놀이터, 식수대, 숲길다리, 토끼동산, 어르신 쉼터, 토끼풀밭 등이 서로 다른 숫자와 함께 표시돼 있었다.

예를 들면 숲길다리 이정표에는 작은 글씨로 '35'라고 적혀 있었다.

그때였다. 주성이네 팀이 어딘가로 급히 뛰어가는 게 보였다.

"쳇! 숲길다리로 가나 봐. 여기 35가 쟤네 팀 정답 숫자랑 같잖아."

기현이가 부러운 듯 쳐다보며 말했다.

"그러네. 우린 어디로 가야 하지? 아무리 찾아도 숫자 1은 지도에 없어."

경하가 말했다.

"어딘가 있을 거야. 잘 찾아보자."

그때 영실이의 눈이 토끼산 뒤편, 지도 맨 위쪽 구석에 가서 멈췄다.

"얘들아, 여기 좀 봐."

"어디?"

"여기, 토끼 동굴."

"토끼산에 그런 데가 있었나? 어라? 정말 있네."

경하가 고개를 갸웃거리며 말했다.

"에이, 그런데 아무 숫자도 적혀 있지 않잖아."

기현이가 실망한 듯 말했다.

"잘 봐. 토끼 동굴 옆에 그려진 시계 그림!"

영실이가 너무 작아서 잘 보이지 않는 시계 그림을 손가락으로 가리켰다.

"대박! 1시를 가리키고 있어."

"뛰자!"

세 아이는 온 힘을 다해 토끼 동굴을 향해 뛰어갔다.

○ 콕콕 짚고 가요! ○

이야기 속에 숨어 있는 수학 개념

하니가 똑 부러지는 풀이로 문제를 멋지게 해결했군요. 최소공배수의 개념을 복습해 보고, 최대공약수도 함께 알아봐요!

1. 약수와 배수

① 약수: 어떤 수를 나누어떨어지게 하는 수
6÷1=6, 6÷2=3, 6÷3=2, 6÷6=1이므로 1, 2, 3, 6은 6의 약수입니다.

② 배수: 어떤 수를 1배, 2배, 3배, …… 한 수
6×1=6, 6×2=12, 6×3=18, ……이므로 6, 12, 18, ……은 6의 배수입니다.

2. 공약수와 최대공약수

① 공약수와 최대공약수의 뜻
  • 공약수: 두 수의 공통된 약수
  • 최대공약수: 공약수 중에서 가장 큰 수

| 12의 약수: ①, ②, ③, 4, ⑥, 12　　30의 약수: ①, ②, ③, 5, ⑥, 10, 15, 30 | ➡ | 12와 30의 공약수: 1, 2, 3, ⑥　　12와 30의 최대공약수: ⑥ |

② 최대공약수 구하는 방법

	2	12	30
12와 30의 공약수 ➡	3	6	15
6과 15의 공약수 ➡		2	5

2×3=6 ➡ 12와 30의 최대공약수

3. 공배수와 최소공배수

① 공배수와 최소공배수의 뜻
- 공배수: 두 수의 공통된 배수
- 최소공배수: 공배수 중에서 가장 작은 수

12의 배수: 12, 24, 36, 48, 60, 72, ……
18의 배수: 18, 36, 54, 72, 90, ……
➡ 12와 18의 공배수: 36, 72, ……
12와 18의 최소공배수: 36

② 최소공배수 구하는 방법

	2	12	18
12와 18의 공약수 ➡	3	6	9
6과 9의 공약수 ➡		2	3

2×3×2×3=36 ➡ 12와 18의 최소공배수

2장
수상한 수학 동굴 아이들

제각각 시계와 이상한 보물상자

 토끼 동굴은 지도를 보고 예상했던 것보다 훨씬 먼 곳에 있었다. 영실이는 달리기를 무척 좋아했기 때문에 기현이랑 경하에게 천천히 따라오라고 말하곤 숨이 턱까지 차오르도록 열심히 달렸다. 동굴 입구가 보이자 길을 제대로 찾아왔음을 확인한 영실이는 바닥에 주저앉아 저 멀리 보이는 친구들에게 외쳤다.

 "동굴을 찾았어!"

 기현이와 경하는 땀을 뻘뻘 흘리며 녹초가 된 모습으로 다가와 영실이 곁에 섰다.

 "이건 너무 불공평하지 않냐?"

 "응?"

 기현이의 말에 영실이가 쳐다봤다.

"보물이 숨겨진 위치가 이렇게 멀면 아무리 문제를 빨리 풀어도 우리가 불리하잖아."

"그야 어쩔 수 없지. 애초에 문제를 뽑기로 택했으니까 복불복은 거기서 결정된 거잖아."

기현이는 그래도 억울하다는 듯 인상을 찌푸리면서도, 문제를 뽑은 영실이가 부담을 느낄까 봐 얼른 말을 돌렸다.

"으, 동굴에서 찬 바람이 나오는 것 같아."

동굴 가까이 다가간 경하도 놀란 얼굴로 말했다.

"에어컨 바람 같은 게 나오네?"

"설마 그럴 리가……."

이렇게 말해 놓고 영실이는 금세 고개를 절레절레 흔들며 어깨를 부르르 떨었다. 찬 기운은 물론이고, 왠지 모를 으스스한 기분까지 느껴졌기 때문이다.

토끼 동굴 입구에는 지도에서처럼 1시를 가리키는 시계가 붙어 있었다.

세 아이는 서둘러 동굴 안으로 들어갔다.

"이 안에 진짜 보물이 있어야 하는데……."

영실이는 그 보물이 선생님이 숨겨 놓은 보물이 아니라 그야말로 '진짜' 보물이면 좋겠다고 생각했다.

"뭐야? 웬 시계가 이렇게 많아?"

"정말. 흐흐, 여기 재밌는 곳이네."

"우와! 이거 외계 토끼들이 만들어 놓은 걸까?"

세 아이는 얼떨떨한 얼굴을 하고는 한 걸음씩 내디뎠다.

동굴은 터널처럼 길게 이어졌는데, 양쪽 벽에 크고 작은 시계가 띄엄띄엄 늘어서 있었다. 모양도 크기도 제각각이었지만 몇 가지 공통점이 있었다. 시계는 모두 투명한 덮개에 싸여 벽에 걸려 있었고, 모두 멈춘 채였다. 그리고 위쪽에는 연월일이 표기되어 있고, 아래에는 멈춤과 재생 표시가 된 버튼이 하나씩 있었다.

"이 시계 중 하나가 우리가 가져가야 하는 보물일까?"

경하가 고개를 돌려 친구들을 보며 물었다.

"아닌 것 같아. 그러려면 이 덮개를 깨야 하잖아."

"맞아. 선생님이 그렇게 위험한 보물을 가져오게 하진 않으셨을 거야."

기현이와 영실이가 차례로 대답했다.

세 아이는 좁은 터널 같은 동굴로 점점 깊이 들어가며 주위를 꼼꼼히 살폈다. 시계를 비추는 조명이 있어서 동굴 안이 크게 어둡지는 않았지만, 그래도 발밑을 휴대전화로 비추며 보물을 찾아 나갔다.

그때였다.

"찾았다!"

앞서가던 영실이가 저 앞 바닥에 놓인 상자 하나를 휴대전화 조명으로 비추었다.

"예스! 보물상자다!"

경하가 얼른 뛰어가 상자를 들어 올렸다.

"찾았어! 보물상자야!"

"그럼 가지고 나가면 되는 거지?"

"음……."

영실이의 물음에 경하가 한동안 뜸을 들이더니 말했다.

"문제가 있어."

"어떤 문제?"

"수학 문제를 또 풀어야 하나 봐. 상자를 열려면 비밀번호를 눌러야 하는데, 문제의 답이 그 번호야."

경하가 상자를 영실이에게 넘기며 말했다.

"헐! 우리 선생님 정말 너무하시는 거 아냐?"

영실이는 아무리 '학습'이라는 말이 붙었다고 해도 모름지기 체험 학습은 야외에서 신나게 뛰어노는 것이어야 한다고 생각했다. 그런데 아침부터 내내 수학 문제만 풀고 있으려니 짜증이 났다. 게다가 보물만 찾으면 된다고 생각했는데, 답답한 동굴 속에서 문제를 또 풀어야 한다니 속이 부글부글 끓었다.

"아잇, 문제 봉투를 완전 잘못 뽑았어."

영실이가 친구들에게 미안한 마음을 담아 툴툴거렸다. 그러자 경하가 그런 영실이의 마음을 아는 듯 무심히 대꾸했다.

"괜찮아. 다른 팀은 더 고약한 게 걸렸을지도 모르잖아. 얼른 문제나 풀어 보자."

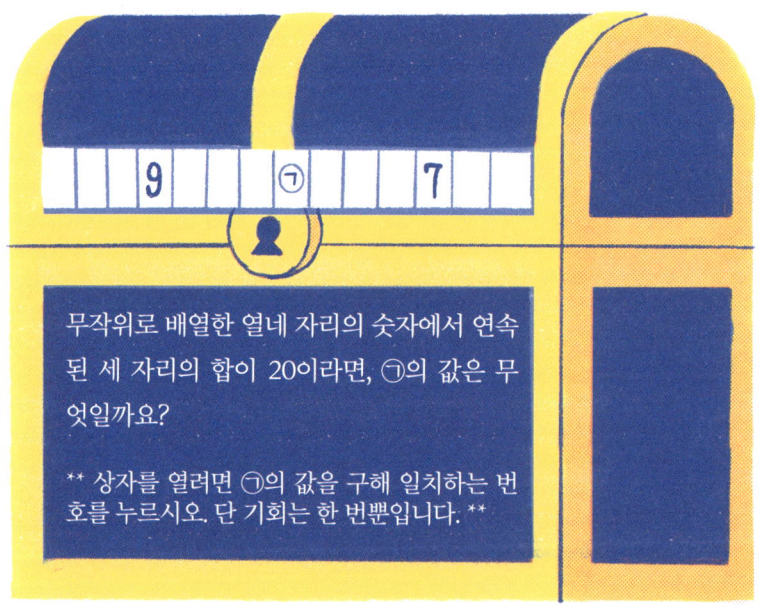

무작위로 배열한 열네 자리의 숫자에서 연속된 세 자리의 합이 20이라면, ㉠의 값은 무엇일까요?

** 상자를 열려면 ㉠의 값을 구해 일치하는 번호를 누르시오. 단 기회는 한 번뿐입니다. **

"어렵다. 이걸 어떻게 구하지?"

기현이는 눈앞이 하얘지는 것 같았다.

"어휴, 나도 아무 생각이 안 나."

경하도 한숨을 내쉬며 말했다.

영실이는 문제를 두 번, 세 번 반복해서 읽었다. 수학 문제를 어떻게 풀어야 할지 모를 땐 문제를 천천히 다시 읽어 보라고 하셨던 아빠 말씀이 떠올랐기 때문이다. 문제에 힌트가 숨어 있다면서. 비행기 사고로 돌아가신 아빠 생각에 영실이는 잠시 가슴이 먹먹해졌다. 그래도 얼른 고개를 흔들어 생각을 털어 내고 문제에 집중했다.

"음, '연속된 세 자리'에 힌트가 숨어 있는 것 같아."

"어째서?"

경하가 물었다.

"나열된 숫자 중 연속된 세 자리를 잡아 더하면 20이 된다고 했잖아?"

"응."

"그러니까 9에서 7 사이의 숫자에 임의로 번호를 붙여 보는 거지."

영실이가 주머니에 넣어 온 메모지와 연필을 꺼내 숫자 칸을 그리더니 빈칸에 ①부터 ⑥까지 번호를 적었다.

| | | 9 | ① | ② | ③ | ㉠ | ④ | ⑤ | ⑥ | 7 | | |

"됐다. 이제 연속한 세 자리의 합이 같다고 했으니까……."

"나 알 것 같아. 숫자 9랑 ①·②를 더한 값, ①·②·③을 더

한 값이 같아야 해."

"정답!"

경하의 물음에 영실이가 밝은 목소리로 답했다.

"어! 그러면 숫자 ③은 9가 되네."

이번에는 기현이었다.

"오! 정말 그러네!"

영실이는 어쩐 일인지 점점 신이 났다. 정답에 가까워질수록 짜증과 답답함이 온데간데없이 사라졌다.

"첫 번째 식은 '9+①+②=①+②+③'이고, 그래서 ③이 9가 돼."

이번에는 경하가 메모지에 두 번째 식을 적으며 말했다.

"그리고 '④+⑤+⑥=⑤+⑥+7'이니까 ④는 7이 돼."

"맞아. 이제 답이 다 나왔어."

"최종적으로 '③+㉠+④'와 '9+㉠+7'은 값이 20으로 같으니까 ㉠은 4야."

"야호! 우리가 풀었다!"

경하가 펄쩍펄쩍 뛰며 좋아했다. 영실이는 지금 담임 선생님이 옆에 계셨다면 협동력 점수를 만점으로 주셨으리라고 생각했다.

"영실아, 네가 숫자 4를 눌러 봐."

영실이는 기현이의 주문대로 상자에 길게 늘어선 숫자 버튼 중에서 4를 꾹 눌렀다.

딸칵.

경쾌한 소리와 함께 상자가 열렸다.

"야호! 열렸다!"

"어? 이게 뭐지?"

영실이가 친구들에게 상자 안에 든 열쇠 꾸러미를 꺼내 보였다.

"열쇠네. 어디다 쓰는 걸까?"

경하가 물었다.

영실이가 열쇠를 유심히 들여다보더니 말했다.

"열쇠에 영어로 타임 트래블 키(time travel key)라고 적혀 있어."

"뭐? 시간여행 열쇠? 이걸 가지면 시간여행을 할 수 있다는 뜻인가?"

"어휴, 말도 안 돼. 얘들아, 우리 이러다가 꼴찌 하는 거 아니야?"

기현이 말에 영실이와 경하도 마음이 덩달아 조급해졌다.

"일단 상자랑 열쇠를 가지고 여기서 나가자."

"잠깐! 열쇠는 내가 들고 갈게."

기현이는 혹시라도 열쇠를 다시 상자에 넣었다가 상자가 열리지 않으면 어쩌나 걱정이 되었다.

"기현아, 내가 가지고 가면 안 돼?"

경하는 반짝이는 열쇠가 탐이 났다.

"그럼 이렇게 하자. 열쇠가 3개니까 공평하게 하나씩 가지고 가는 거야. 어때?"

영실이의 제안을 기현이와 경하가 흔쾌히 받아들였다. 세 아이는 열쇠를 하나씩 받아 주머니에 넣었다.

영실이는 보물상자를 품에 안고 일어섰다. 경하가 제일 먼저 앞장서서 동굴 입구 쪽으로 향했고, 영실이와 기현이가 그 뒤를 따랐다.

보물을 찾고 난 뒤라 그런지 기현이는 동굴 벽에 늘어선 시계들을 더 여유롭게 관찰할 수 있었다. 그러다가 입구 쪽 마지막 시계 앞에서 자신도 모르게 걸음을 멈추었다.

입구 쪽 가장 가까이에 있는 시계는 확실히 나머지 시계들과 달랐다. 다른 시계들처럼 멈춰 있지 않았고 기현이의 휴대전화 시계와 정확히 일치한 채 째깍거리고 있었다.

'이건 뭐지? 왜 이것만 작동해?'

그때였다. 기현이의 눈에 시계를 감싼 덮개의 열쇠 구멍이 들어왔다. 호기심이 발동한 기현이는 주머니에서 열쇠를 꺼내 구멍 속으로 밀어 넣었다. 그러자 시계를 보호하던 투명 덮개가 딸깍 소리를 내며 단번에 열렸다.

"오! 이거 재밌는데!"

그때, 동굴 입구에 도착한 경하가 뒤를 돌아보며 소리쳤다.

"기현아! 얼른 안 오고 뭐 해?"

"어, 잠깐만! 금방 갈게."

기현이는 친구들에게 가려다가 다시 시계를 돌아보고는 잠시 망설였다. 이윽고 멈춤 표시가 된 버튼을 누른 뒤 열쇠를 빼서 주머니에 넣었다. 기현이는 예상대로 시계가 멈추는 걸 확인하고는 만족스러운 표정으로 입구를 향해 뛰어갔다.

"얘들아, 같이 가!"

○ 콕콕 짚고 가요! ○

이야기 속에 숨어 있는 수학 개념

처음 문제를 봤을 때는 막막해 보였지만, 차근차근 하나씩 해결하니 정답을 찾을 수 있었어요! 아무리 어려운 문제라도 포기하지 않고 조건을 하나씩 맞춰 가다 보면 정답을 알아낼 수 있어요. 함께 생각하며 문제를 해결해 봐요.

- 연속한 수의 합이 일정할 때는 일정한 순서로 수가 배열될 때입니다.

  ① 연속한 두 수의 합이 5인 경우

  | 1 | 4 | 1 | 4 | 1 | 4 | …… |

  1+4=4+1=5

  | 2 | 3 | 2 | 3 | 2 | 3 | …… |

  2+3=3+2=5

  ② 연속한 두 수의 합이 6인 경우

  | 1 | 2 | 3 | 1 | 2 | 3 | 1 | 2 | 3 | …… |

  1+2+3=2+3+1=3+1+2=6

(연습문제)

연속한 네 수의 곱이 210일 때, '□×△'의 값을 구하시오.

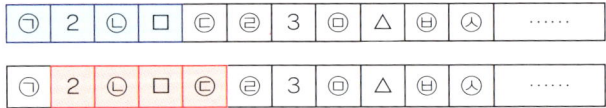

(풀이)

빈칸을 다음과 같이 채워봅니다.

연속한 네 수의 곱이 210으로 일정하므로, 1열부터 시작하는 파란색 네 수의 곱은 2열부터 시작하는 빨간색 네 수의 곱과 같습니다.
㉠×2×㉡×□=2×㉡×□×㉢이기 때문에 ㉠=㉢이라는 것을 알 수 있어요.
같은 방법으로 3열부터 시작하는 네 수의 곱과 비교하면,
2×㉡×□×㉢=㉡×□×㉢×㉣이므로 ㉣이 2임을 알 수 있죠.
다시 다음 네 수의 곱과 비교를 하면,
㉡×□×㉢×㉣=□×㉢×㉣×3이므로 ㉡=3,
□×㉢×㉣×3=㉢×㉣×3×㉤이므로 □=㉤,
㉢×㉣×3×㉤=㉣×3×㉤×△이므로 ㉢=△,
즉 ㉠=㉢=△임을 알 수 있습니다.
따라서 빈칸을 도형으로 다시 채우면 다음과 같습니다.

| △ | 2 | 3 | □ | △ | 2 | 3 | □ | △ | 2 | 3 | …… |

연속한 네 수의 곱이 210이므로 '△×2×3×□=210', 즉, △×□의 값이 35라는 것을 알 수 있어요.

동굴 밖으로 나온 아이들은 선생님과 반 친구들이 기다리는 중앙광장을 향해 뛰었다.

"우리 1등은 못 할 것 같지 않냐?"

경하가 영실이와 기현이를 보며 물었다.

"맞아. 동굴에서 시간을 너무 많이 허비했어."

"그래도 우리가 문제는 빨리 풀었잖아. 다른 조들이 두 번째 문제를 얼마나 빨리 풀었느냐에 달렸어."

영실이는 내심 불안했지만 끝까지 1등에 대한 기대를 놓지 않았다.

그런데 중앙광장으로 가까이 갈수록 자꾸만 이상한 광경이 눈에 들어왔다. 마치 '무궁화꽃이 피었습니다' 놀이라도 하는 듯 다들 제각각의 모습으로 멈추어 있었다. 처음에는 그저 사람들이 우연히 똑같은 놀이를 하는 것이라고 생각했다. 빨리 가야 한다는 생각에 깊이 생각할 여유 또한 없었다. 하지만 중앙광장이 점점 가까워질수록 어딘지 정상이 아니라는 생각이 들었다.

영실이가 갑자기 멈춰 서며 말했다.

"뭔가 이상해."

"어? 애들이 다 왜 저래?"

주위를 둘러보는 기현이의 목소리가 떨렸다. 경하는 너무 놀라서 벌어진 입을 다물지 못했다.

토끼 동굴에서 중앙광장에 오기까지 지나쳐 온 이들은 모두 모르는 사람들이었다. 무척 이상하고 비현실적이긴 했지만, 그래도 모르는 사람들이라 그냥 지나쳐 올 수 있었다. 그런데 중앙광장에

모인 선생님과 반 아이들마저 멈춰 있는 걸 보자 세 아이는 덜컥 겁이 났다.

"저기 폭탄머리 선생님이랑 우리 반 애들 맞지? 뭐 하는 걸까?"

"이, 이건 단순한 놀이 같지가 않아."

영실이와 경하, 기현이는 극심한 공포에 휩싸였다. 몸이 얼어붙는 것 같았고 한 발짝도 움직일 수가 없었다. 하늘에는 날아가던 새가 멈춰 있고, 점프하던 작은 토끼들이 그대로 공중에 떠 있었다.

"얘들아, 혹시 시간이 멈춘 게 아닐까?"

기현이가 주머니 속 열쇠를 꼭 움켜쥐며 말했다.

"네 말은 우리만 움직이고, 시간이 멈춘 거라는 얘기지?"

"그런데 시간이 갑자기 왜 멈춰?"

경하와 영실이가 말했다.

"혹시 토끼산에 얽힌 전설이 사실이었던 걸까? 어쩌면 그 타임머신이라는 게 동굴 속에 숨겨져 있던 거라면……?"

경하 말에 기현이는 무언가 생각하는 것 같더니 갑자기 광장을 향해 뛰기 시작했다.

"기현아, 왜 그래?"

"우리도 가 보자."

가까이 가서 보니 선생님과 반 아이들은 만화에서나 볼 법한, 순간 마법에 걸린 사람들처럼 생생한 표정과 동작으로 멈춰 있었다.

"선생님, 무슨 일이에요? 움직여 보세요."

영실이가 선생님의 팔을 잡고 흔들어 보았지만 선생님은 아무런 반응이 없었다.

"주성아, 나 안 보여? 워이, 워이!"

기현이가 주성이 얼굴에 대고 손을 흔들어 보았지만 주성이 역시 꼼짝도 하지 않았다.

도대체 언제부터 이런 일이 일어난 걸까?

반 아이들 중 몇몇 조는 이미 보물상자를 찾아온 것 같았다. 그러니 세상이 멈추지 않았더라도 영실이네 조는 1등을 못 했을 터였다.

"이것 좀 봐. 주성이네 조가 1등으로 들어왔나 봐."

경하가 선생님이 들고 계신 평가표를 들여다보며 말했다.

"크큭, 얘들아, 주성이네 조 협동 점수는 꼴찌야. 내 이럴 줄 알았어, 아하하하."

기현이가 쌤통이라며 웃어 댔다.

기현이가 너무 신나게 웃는 걸 보자니 영실이와 경하도 두려웠던 마음이 조금 누그러지는 것 같았다. 기현이는 시간과 함께 멈춘 주성이에게 소심한 복수를 하고 싶었다.

'쳇! 나보고 멍청하다고 했지?'

기현이는 가방에서 검은색 사인펜을 꺼내 주성이 코 밑에 우스꽝스러운 수염을 그렸다. 눈 밑에는 반달 모양의 다크서클도 그려 주었다.

"푸하하, 그게 뭐야?"

경하가 물었다.

"주성이는 공부하느라 늘 피곤할 거야. 그래서 다크서클을 그려 준 거지."

기현이의 복수에 영실이도 은근히 통쾌한 기분이 들었다. 세 아이는 주성이 얼굴을 보며 배꼽을 잡고 웃어 댔다.

"아무래도 나 때문에 시간이 멈춘 것 같아."

"너 때문에? 그게 무슨 말이야?"

경하가 놀라며 물었다.

기현이는 조금 전, 동굴 밖으로 나오는 길에 자신이 한 일을 털어놓았다.

"진짜 그걸 네가 멈췄어?"

"응. 미안해. 그냥 호기심에 그런 건데 이렇게 될지 몰랐어."

"그럼, 동굴로 다시 가 보자."

영실이는 금방이라도 튀어 나갈 태세였다.

"잠깐만!"

그때 기현이가 영실이 팔을 잡았다.

"우리 한번 시내에 내려가 보지 않을래?"

"시내? 왜?"

"시간이 멈춘 게 토끼산에서만 일어난 일인지 궁금해서 말이야. 만약 온 세상이 이렇다면, 멈춘 세상을 구경해 보고 싶어."

영실이는 역시 기현이다운 제안이라고 생각했다.

"경하야, 넌 어때?"

"나도 궁금해."

"좋아! 그럼 가 보자!"

시내에 도착한 세 아이는 미지의 세계 속 탐험가가 된 기분이었다. 시간이 멈춘 세상은 너무나 고요했다. 자동차 소리, 사람들 소리, 가게에서 나오는 음악 소리, 새 소리……, 이 세상 모든 소리가 시간과 함께 멈추어 있었다.

세 아이는 제일 먼저 8차선 대로를 마음껏 뛰어다녔다. 멈춘 버스와 자동차 사이를 헤집고 다니는 일이 이렇게 재미있을 줄이야. 기현이는 사거리 교차로에 서서 자동차 운전자들을 관객 삼아 노래를 부르고 춤을 추었다. 영실이와 경하는 기현이의 쇼가 너무 웃겨서 큰 소리로 웃었다.

영실이는 점심을 부실하게 먹은 데다 한참을 신나게 뛰어다닌 탓에 갑자기 배가 고파졌다.

"얘들아, 우리 저기 가자."

영실이가 가리킨 곳은 동네에서 꽤 유명한 회전 초밥집이었다.

"우와! 맛있겠다."

"헤헤, 어디 한번 먹어 볼까?"

가게에 들어서자마자 기현이는 젓가락을 들고 테이블마다 돌아다니며 접시에 있는 초밥을 집어 먹었다. 경하는 초밥 벨트에 올려진 접시들을 단숨에 깨끗하게 비웠다.

"으윽, 매워!"

"하하하. 그러니까 나처럼 고추냉이를 빼고 직접 만들어 먹어야지."

영실이는 셰프 옆에 서서 원하는 재료를 얹어 셀프 초밥을 만들어 먹고 있었다.

"나도, 나도!"

기현이와 경하까지 합세해 초밥을 만들어 먹자 재료가 금세 동이 났다.

초밥으로 배를 채운 아이들은 건너편 마트로 들어가서 새 운동화도 신어 보고 신상 게임기와 헤드셋을 마음껏 써 보며 신나게 놀았다.

"우리가 아무리 놀아도 시간이 안 간다니 너무 좋지 않냐?"

"맞아. 숙제 걱정 때문에 마음껏 놀 수가 없었는데."

그때, 전자제품 코너에 설치된 대형 스크린에 손흥민 선수의 얼굴이 잡힌 게 영실이 눈에 띄었다.

"헉! 오늘 축구하는 날이지?"

"맞아. 우리나라랑 브라질이랑 친선 경기 한댔어."

"야호! 당장 가 보자!"

영실이가 신이 나서 말했다.

"어떻게? 경기장이 여기서 멀진 않지만 걸어가긴 힘들어. 자동차, 전철 다 멈췄잖아."

"방법이 없을까?"

영실이는 금세 시무룩해졌다.

"얘들아, 방법이 있을 것 같아. 저기 자전거 보여?"

기현이가 가리키는 곳에는 경품 추첨식이 열리고 있었는데, 1등 상품이 최신식 3인용 자전거였다.

"세상에! 3인용 자전거가 있어?"

영실이의 눈이 두 배는 커졌다.

"하하하! 딱 우리를 위한 맞춤 상품이네."

경하는 신이 나서 어쩔 줄 몰랐다.

"자전거가 있는 걸 보면 아직 1등이 안 나왔나 봐."

"자, 그럼 1등을 뽑아 볼까?"

"1등을 뽑는다고? 어떻게?"

경하는 기현이에게 미소를 지어 보이더니 경품 박스 안에 있는 공을 쏟았다. 그리고는 1등이 적힌 하얀색 공을 찾아 들어 보였다.

"와아아아아!"

영실이는 환호성을 질렀고, 기현이는 휘파람을 불며 손뼉을 쳐 주었다.

아이들은 '1등'이라고 적힌 공을 테이블 위에 가만히 올려놓고는 자전거를 몰고 마트 밖으로 나왔다.

"가는 길은 알지?"

"내가 아주 잘 알아. 일단 계속 직진!"

영실이와 기현이가 앞뒤로 앉아 페달을 밟으니 제법 속도가 났다. 세 아이를 태운 자전거는 경하 내비게이션의 안내를 받으며 경기장으로 힘차게 달려갔다.

아이들이 도착한 경기장에서는 우리나라와 브라질 국가대표팀 간의 친선 경기가 진행 중이었다. 관중석은 사람들로 가득 찼지만, 모든 게 사진처럼 고요하게 멈춰 있었다.

"아, 시간이 다시 흘러서 경기가 계속되면 좋을 텐데……."

영실이는 이대로 관중석에 앉아서 경기를 관람하고 싶은 마음이 굴뚝같았다.

경하는 관중석 사이를 내려가다가 한 꼬마가 들고 있던 팝콘 봉지에서 팝콘을 한 주먹 움켜쥐고는 입안으로 가득 밀어 넣었다. 기현이도 배불뚝이 아저씨가 입을 크게 벌리고 먹으려는 핫도그를 낚아챘다.

"야, 저기 봐! 손흥민 선수야!"

영실이가 경기장에 있는 손흥민 선수를 가리키더니 경기장으로 훌쩍 뛰어 내려갔다. 경하와 기현이도 영실이를 따라 경기장으로 내려갔다.

손흥민 선수가 골문 앞에서 방금 슛을 한 듯 오른쪽 다리를 들고 있었다. 상대편 골키퍼는 공을 막으려고 양팔을 날려 점프를 하고 있었다.

"와! 슛하는 걸 직접 볼 수 있다니, 너무 좋아!"

경하가 상기된 표정으로 방방 뛰었다.

"난 손흥민 선수하고 악수할 거야."

기현이가 손흥민 선수에게 다가가 손을 잡았다.

"난 포옹해야지."

영실이는 손흥민 선수 앞으로 가서 살며시 안았다.

"얘들아, 우리 선수 대기실에 가 보자!"

경하가 경기장 밖으로 달려가자 영실이와 기현이도 뒤따랐다.

　세 아이는 선수 대기실을 찾아갔다. 축구 경기를 볼 때마다 한 번쯤 들어가 보고 싶었던, 너무 궁금한데도 상상으로만 만족해야 했던 곳이다. 아이들은 자신들이 선수들에게만 허락된 공간에 들어왔다는 사실에 흥분이 돼서 어쩔 줄 몰랐다.

　기현이는 '손흥민' 이름이 적힌 축구화를 찾아 신고 아까 본 슛 동작을 해 보였다. 영실이와 경하는 손흥민 선수의 등번호가 찍힌 7번 유니폼을 찾아서 입어 보았다. 두 아이는 너무 커서 거의 무릎까지 내려오는 유니폼을 입고 서로를 가리키며 한참 깔깔거렸다.

1년, 365일과 7가지 요일

시간이 멈춘 세상에서 아이들은 마음껏 먹고 놀며 자유를 만끽했다. 하지만 흘러가지 않는 시간이 계속될수록 불안하고 초조한 마음이 생겨났다.

세 아이는 3인용 자전거를 타고 다시 마트로 돌아왔다. 그러고는 1등이 적힌 공과 메모지를 자전거 옆에 두고 밖으로 나왔다.

> 1등 경품을 잠시 빌려 사용했습니다.
> 죄송합니다.

"이제 어디로 가지?"

경하가 구름 한 점 없는 하늘을 올려다보며 말했다. 아이들은 자신들을 제외하고는 아무 일도 일어나지 않는 세상이 살짝 지루해지기 시작했다.

"동굴로 돌아가 봐야지."

"가자! 시간을 다시 흐르게 할 방법이 있을 거야."

기현이는 시간을 멈춘 게 자신이라면 시간을 다시 흐르게 할 책임도 자신에게 있다고 생각했다.

다시 돌아온 토끼산은 여전히 사진처럼 모든 게 정지해 있었다. 세 아이는 반 친구들이 있는 중앙광장을 지나 동굴로 가 보았다.

기현이가 멈춘 시계는 동굴 입구에서 가장 가까운 곳에 있었다.

"이 시계를 멈춘 게 너란 말이지?"

"응. 여기 있는 시계 중에 유일하게 움직이는 시계였거든. 근데 내가 동굴 밖으로 나가기 전에 멈춤 버튼을 눌렀더니 이렇게 됐어."

"그럼 다시 가게 하면 되겠네."

경하가 시계 아래에 있는 재생 버튼에 손을 올리고는 영실이와 기현이를 번갈아 보았다.

"좋아! 해 보자."

두 아이가 고개를 끄덕이자 경하는 심호흡을 한 번 하고 힘차게 재생 버튼을 눌렀다.

"어! 움직인다."

"정말 시계가 다시 움직여!"

기현이는 덮개를 닫은 후 열쇠를 빼서 잘 챙겼다.

세 아이는 누가 먼저랄 것도 없이 동굴 밖으로 뛰어나갔다. 아이들은 반 친구들이 있는 중앙광장을 향해 뛰며 주위를 둘러보았다.

"성공이야! 사람들이 움직이고 있어."

"저기 봐. 새들도 날아다녀."

기현이는 너무 기뻐서 눈물이 날 것만 같았다.

그런데 그때였다.

"영실아, 기현아, 경하야!"

세 아이가 중앙광장을 향해 뛰어가는데 어디선가 부르는 소리가 들려왔다. 돌아보니 민주네 조원들이 세 아이를 향해 뛰어오고 있었다.

"미안한데 우리 좀 도와줄 수 있어?"

민주가 가쁜 숨을 몰아쉬며 말하자, 세 아이가 거의 동시에 물었다.

"뭔데?"

"우리가 푼 수학 문제 답이 틀린 것 같아. 문제 좀 같이 풀어 주면 안 돼?"

반에서 가장 착한 아이인 민주는 금방이라도 울음을 터트릴 것 같은 표정이었다.

"도와주자. 어차피 지금 가도 1등을 하긴 글렀잖아."

경하가 영실이와 기현이를 보며 말했다.

"그래, 그러자. 문제가 뭔데?"

영실이가 가방에서 노트와 펜을 꺼내며 물었다. 민주는 들고 있던 보라색 문제지를 영실이 앞으로 내밀었다.

> 평소에 호기심이 많은 연희는 영화 〈13일의 금요일〉을 보면서 '1년 중 금요일이 13일인 날이 얼마나 될까?' 하고 생각해 보았습니다. 과연 13일의 금요일은 1년 동안 최대 몇 번이나 있을 수 있을까요? (단 윤년은 생각하지 않기로 합니다.)

"너무 어렵지?"

민주가 세 아이의 눈치를 살피며 물었다.

"음, 어렵기보다 재밌는 문제 같은데?"

영실이는 꽤 자신 있어 보였다.

"그런데 윤년이 뭐더라?"

기현이가 고개를 갸웃하며 물었다.

"나도 알았는데 까먹었어."

이번에는 경하가 말했다.

"4년마다 한 번씩 2월이 29일까지 있어서 1년이 366일이 되는 해를 윤년이라고 해."

돌아가신 아빠한테 배워서 윤년에 대해 확실히 알고 있던 영실이가 친구들에게 자신 있게 설명했다.

"맞아! 그랬던 것 같아!"

경하가 영실이에게 엄지손가락을 들어 보이며 말했다.

"너희는 풀어 봐. 나도 나름대로 찾아볼게."

기현이는 이렇게 말하더니 휴대전화를 들고 약간 떨어져 앉았다.

"일단 윤년이 아니라고 했으니까 1년을 365일로 잡으면 되겠다."

"맞아, 우리도 그렇게 시작했어. 그다음엔 1년 열두 달이 각각 며칠인지 헤아렸어."

영실이는 민주 말대로 1월부터 12월까지의 날짜를 노트에 모두 적었다.

1월(31일), 2월(28일), 3월(31일), 4월(30일), 5월(31일), 6월(30일),

7월(31일), 8월(31일), 9월(30일), 10월(31일), 11월(30일), 12월(31일)

"만약에 1월 13일을 금요일이라고 하면……."

경하는 이렇게 말하고는 손가락으로 날짜를 헤아리더니 다시 말했다.

"2월 13일은 월요일이야!"

"맞아. 1월 13일에서 2월 13일까지는 31일인데, 31을 일주일인 7로 나누면 나머지가 3이잖아. 그러니까 금요일에서 3일 후인 월요일이 되는 거야."

"아, 그렇게 계산하면 되는구나!"

민주가 처음으로 환하게 웃어 보였다. 민주네 조원들은 손가락 7개를 이용해서 일일이 요일을 헤아렸다고 말했다. 그러다 보니 시간이 오래 걸리고 헤아릴 때마다 요일이 달라졌다고 했다.

영실이와 민주는 1월 13일을 금요일이라고 가정하고 12월까지 매달 13일이 무슨 요일이 되는지 헤아려서 표를 만들었다.

월	간격	7로 나눈 나머지	요일
1월13일			금요일
2월13일	31일	3	월요일
3월13일	28일	0	월요일
4월13일	31일	3	목요일
5월13일	30일	2	토요일
6월13일	31일	3	화요일
7월13일	30일	2	목요일
8월13일	31일	3	일요일
9월13일	31일	3	수요일
10월13일	30일	2	금요일
11월13일	31일	3	월요일
12월13일	30일	2	수요일

"여기 봐! 13일의 금요일이 두 번 나오잖아, 그러니까 정답은 2 아니야?"

"아니지. 민주야, 한 번 더 생각해야 해. 여기 나오는 요일 중에서 가장 많이 나오는 요일이 언제인지 알아봐야지."

"월요일! 월요일이 세 번 나와."

"맞아. 그렇다면 월요일을 금요일로 바꿔서 생각해야 해. 이건 1월 13일을 금요일로 가정해서 만든 표잖아. 그런데 해마다 날짜별 요일은 바뀌기 바련이니까, 이 표의 월요일이 금요일이 되는 해가 있겠지."

그때였다. 기현이가 휴대전화를 들고 엄청난 사실을 발견한 듯 외쳤다.

"얘들아, 2026년에 13일의 금요일이 세 번 나와! 2월, 3월, 11월의 13일이 금요일이야."

기현이는 휴대전화 달력을 살펴보며 일일이 13일의 금요일을 찾은 거였다.

"그럼 정답은 3이구나!"

"맞아."

"얘들아, 고마워!"

민주네 조원들은 지도를 살펴보더니 "식수대!"라고 외치며 급히 뛰어갔다. 영실이와 경하, 기현이도 중앙광장을 향해 달렸다.

중앙광장은 반 아이들로 북적거렸다. 시간이 멈췄을 때의 고요함을 경험한 영실이와 친구들은 시끌시끌한 소리가 무척이나 반가웠다.

"자, 보물상자를 찾아온 조는 선생님 앞으로 가져오렴."

영실이가 가방에서 상자를 꺼내려 하는데 주성이가 다가오며 빈정거렸다.

"왜 이렇게 느려 터졌냐? 우리 조는 한참 전에 찾아왔는데 말이야."

"좋기도 하겠다. 그래도 종합 점수로 1등 하긴 힘들걸?"

"왜?"

"그야 협동 점수가 중요하니까."

영실이는 주성이네 조의 협동 점수가 꼴찌라는 걸 말하고 싶어서 입이 근질거렸다. 그런데 그때, 영실이가 꺼낸 보물상자를 보고 주성이가 큰 소리로 외쳤다.

"선생님, 영실이네 조는 보물상자가 특이해요."

그제야 다른 팀 친구들이 들고 있는 보물상자들이 영실이와 기현이, 경하의 눈에 들어왔다. 단순한 직육면체 모양의, 조별로 뽑은 문제지의 색깔과 일치하는 상자였다.

영실이는 나머지 조와 완전히 다른 보물상자를 얼른 가방에 다시 넣었다.

"영실아, 왜? 노란색 상자

가 아니니?"

 선생님은 영실이네 조의 노란색 상자와 민주네 조의 보라색 상자만 찾아오면 게임이 끝난다고 했다. 그 말이 끝나기 무섭게 민주네 조가 보라색 상자를 선생님 앞에 가져다 놓았다.

 "우리가 꼴찌네."

 기현이의 중얼거리는 소리는 너무나 작아서 영실이와 경하 귀에만 들렸다.

 세 아이는 유일하게 보물 상자를 찾지 못한 팀이 되었다. 동시에 '토끼 동굴'과 '시간여행 열쇠'에 대한 비밀을 공유한 유일한 팀이기도 했다.

○ 콕콕 짚고 가요! ○

이야기 속에 숨어 있는 수학 개념

여러분은 윤년에 대해 알고 있었나요? 윤년은 도대체 왜 생기는 것이고, 윤년이 포함된 연도의 문제가 나온다면 어떻게 해결해야 할까요? 함께 알아보며 문제를 풀어 봅시다.

한 해가 365일인 해를 '평년'이라고 하고, 평년의 2월 28일에 하루를 더해(2월 29일) 한 해가 366일인 해를 '윤년'이라고 합니다.

평년의 365일은 실제 1년의 길이보다 0.2422일이 더 짧아요. 이 시간이 쌓이면서 점차 계절과 날씨의 차이가 발생하게 되는데, 이를 해결하고자 윤년이 만들어졌어요. 0.2422일이 네 번 모이면 약 하루가 되기 때문에 4년마다 한 번씩 하루를 추가해주는 거지요.

윤년의 개념을 알았으니, 이번에는 윤년이 포함된 문제를 풀어 볼까요?

(연습문제)
올해는 윤년입니다. 2월 7일이 수요일일 때, 3월 10일은 무슨 요일일까요?

(풀이)
2월 7일부터 3월 10일까지의 간격이 총 며칠인지 구해 봅니다. 윤년이어서 2월은 29일까지 있습니다. 따라서 2월 7일부터 2월 29일까지의 간격은 '29-7=22'입니다. 그러므로 2월 7일부터 3월 10일까지의 간격은 '22+10=32'가 되지요. 요일은 7일 간격으로 반복되므로 32를 7로 나눠 나머지를 구합니다.
'32=7×4+4'이므로 32를 7로 나눈 나머지는 4입니다. 수요일에서 4일이 지나면 일요일이죠. 따라서 3월 10일은 일요일입니다.

3장

쉿, 이건 우리만의 비밀이야!

360도 시곗바늘 각도기

토끼산으로 체험 학습을 다녀온 지 일주일이 지났다. 영실이, 경하, 기현이는 그날 이후로 토끼 동굴에 대해 이야기를 꺼내지 않았다. 그건 세 아이가 나눈 약속 때문이었다. 세 아이는 토끼 동굴에서 있었던 일, 시간이 멈춘 사건, 그리고 열쇠를 나누어 가지고 있다는 것을 다른 사람에게 절대 말하지 않기로 했다. 또 토끼 동굴에 다시 가게 된다면 반드시 셋이 함께여야 한다고 다짐했다. 혹시 이야기를 해야 하는 경우라도 다른 사람이 알아채지 않도록 토끼 동굴이 아니라 '수학 동굴'이라고 부르기로 했다.

다른 사람에게 말하지 않기로 한 거니 셋이서는 이야기를 나눌 법도 했다. 하지만 영실이는 수학 동굴에 대한 이야기를 꺼내는 게 왠지 두려웠다. 그리고 경하와 기현이도 같은 마음일 거라고 생각했다. 그런데 그날 오후, 아이들은 수학의 발견 동아리 수업에 들어갔다가 또 다른 시간여행으로 초대되었다.

수업 시작을 알리는 종이 울리자 폭탄머리 선생님이 사람 머리만큼이나 둥글고 커다란 디지털시계를 들고 들어오셨다.
"우와! 선생님, 오늘 시계 공부해요?"
궁금함을 잠시도 참지 못하는 기현이가 물었다.
"맞아. 너희 시계 보는 법은 다 알지?"
"에이, 선생님. 그건 꼬맹이 때 다 배웠죠."
"경하야, 선생님 눈에는 너희도 아직 꼬맹이야."
선생님 말씀에 기현이와 경하만이 아니라 영실, 하늬, 주성이까지 귀여운 항의를 쏟아 냈다.
"쉿! 시계 보는 법은 알 테고 그럼 시각과 시간의 차이는 알고 있니?"
교실 안이 갑자기 조용해졌다.
"선생님, 시각이랑 시간은 같은 말 아닌가요?"
주성이 질문에 하늬가 손을 번쩍 들더니 말했다.
"시각은 9시, 10시, 12시처럼 시간의 한 지점을 말해요."
"맞아. 그럼 시간은?"

"시각과 시각 사이를 말하죠. '수업 시간은 50분입니다.'라고 할 때처럼 말이에요."

"하늬가 정확하게 알고 있구나."

선생님의 칭찬에 하늬가 손가락으로 브이를 그리며 자리에 앉았다. 다른 아이들은 그제야 두 단어의 차이를 이해한 듯 고개를 끄덕였다.

"너희가 흔히 하는 실수 중에 하나가 '지금 시간은 3시입니다.'라고 하는 거야. 시간의 한 지점을 말할 땐 시각이라고 해야 하지. 그러니까 어떻게 말한다? 누가 고쳐서 말해 볼래?"

"지금 시각은 3시입니다."

영실이가 자신 있게 대답했다.

"맞아. 시간은 시각과 시각의 사이, 예를 들면 '수업 시간은 45분', '점심시간은 50분'이라고 할 때 쓰는 거지. 알겠니?"

"네!"

다섯 아이가 모두 입을 모아 힘차게 대답했다.

"그런데 선생님, 시계에는 숫자가 왜 12까지 있어요?"

"야! 그건 하루가 오전 오후 각각 12시로 나뉘니까 그렇지."

하늬의 질문에 경하가 말했다.

"경하 말이 틀린 건 아니지만 그보다 하늬의 질문이 좋았어. 뭐든 당연한 건 없어. 왜 그럴까 궁금해하고 답을 찾아가는 건 아주 중요하단다."

폭탄머리 선생님은 이렇게 말씀하시며 칠판에 '고대 바빌로니아와 60진법'이라고 적으셨다.

"지금 우리가 쓰는 시계는 고대 바빌로니아 사람들이 만들었어. 1분이 60초인 이유, 1시간이 60분인 이유, 시계에 12시까지만 적혀 있는 이유가 모두 고대 바빌로니아 사람들이 60진법을 사용했기 때문이야."

"우와! 고대 바빌로니아라니 뭔가 신비로워요. 선생님, 근데

60진법이 뭐예요?"

"하하하."

기현이의 앞뒤 없는 질문에 아이들이 웃음을 터뜨렸다.

"60진법은 1부터 60까지를 한 묶음으로 해서 수를 세는 방법이야. 1년을 360일이라고 생각한 고대 바빌로니아 사람들은 태양과 비슷하게 생긴 원의 중심각을 360°라고 하고, 이것을 6등분 한 60을 어떤 기준이 되는 수인 '단위수'로 사용했단다. 그런데 왜 하필 60일까?"

"에이, 그렇게 어려운 걸 저희한테 물으시면 어떡해요?"

주성이 말에 다른 아이들도 모두 멀뚱히 선생님만 쳐다보았다. 선생님은 그럴 줄 알았다는 듯 설명을 이어 가셨다.

"예를 들면 60은 2, 3, 4, 5, 6으로 나누어떨어지는 수지?"

"네!"

"고대 바빌로니아에서는 분수를 몰랐어. 그래서 많은 수로 나누어떨어지는 60을 단위수로 사용하고, 시간을 비롯해 일상생활에서 많이 사용했단다."

선생님은 우리가 지금 10진법을 사용하는 건 아주 오랜 옛날 10개의 손가락으로 숫자를 세다가 발전돼 정착된 거라는 설명도 덧붙이셨다.

"서론이 너무 길었다. 자, 여기 교탁 위에 올려놓은 시계를 보

자. 시계에는 바늘 2개가 있는데, 짧은 바늘은 시를 가리키는 시침, 긴 바늘은 분을 가리키는 분침이라는 건 알고 있지?"

"네!"

"그럼 문제! 10분 동안 이 두 바늘은 각도상으로 각각 몇 도나 움직일까?"

"으악! 선생님, 너무 어려워요."

기현이는 문제를 풀어 볼 생각조차 하지 않는 것 같았다.

"60° 예요."

답을 먼저 말한 영실이가 천천히 설명했다.

"시계의 분침은 1시간 동안 한 바퀴, 그러니깐 360°를 회전하잖아요? 1시간은 60분이니까, 10분은 그 6분의 1이잖아요. 즉 360 나누기 6이니까 60°가 되죠."

"오오!"

경하와 기현이가 환호하며 박수를 보내자, 이번에는 주성이가 나섰다.

"선생님, 저요! 시침은 제가 진짜 잘 알아요."

"그래, 주성이가 한번 말해 봐."

"시침은 1시간 동안 시계 숫자의 한 칸을 가잖아요? 근데 시계는 총 12칸으로 나뉘어 있으니까 '360°÷12=30°', 즉 30°를 회전해요. 맞죠?"

그때 다시 하늬가 나섰다.

"주성아, 또 나눠야지. 1시간 동안 움직인 각도가 아니라 10분 동안 움직인 각도를 구하는 거잖아."

"나도 알거든! 30°를 다시 6으로 나누면 '30°÷6=5°', 즉 5°를 회전해요."

"자! 박수!"

아이들이 일제히 손뼉을 쳤다.

"이렇게 머리를 맞대고 차근차근 풀어 가면 돼."

선생님은 이렇게 말씀하시고는 교탁 위 시계를 2시 40분에 맞췄다.

"자, 이 시계가 2시 40분을 가리키고 있어. 이때 시침과 분침이 이루는 작은 쪽의 각도를 구해 볼래?"

"선생님, 친구들이랑 같이 풀어도 돼요?"

"좋아! 다섯 명이 함께 풀어 보렴"

선생님 말씀이 떨어지기 무섭게 아이들이 동그랗게 모여 앉았다.

"어려워, 어려워. 난 각도 구하는 문제, 진짜 싫어."

기현이가 고개를 절레절레 흔들며 말했다.

"시침이 2를 가리키고 분침이 8을 가리키면 답이 바로 나오는데 아쉽다."

"답이 왜 바로 나와?"

영실이 말에 경하가 물었다.

"그러면 시침이랑 분침이 일직선으로 놓이잖아."

"맞다! 시계의 원을 딱 반으로 나누는 거네."

이번에는 하늬가 아는 체를 했다.

"그러면 원의 중심각 360°를 반으로 나누니 180°가 되잖아."

"오! 대박 간단한데?"

기현이가 의자를 당겨 앉더니 영실이가 그린 시계 그림을 뚫어지라 쳐다보았다.

"얘들아, 그럼 숫자 2에 그은 빨간 선이랑 시침 사이의 각도

만 구해서 180°에서 빼면 되지 않아?"

"맞아. 시침이 10분에 5°씩 움직인다고 했으니까 40분이면 20°를 움직여. 그럼 파란 선과 시침 사이 각도는 20°가 돼."

경하가 주성이와 하이파이브를 하며 말했다.

아이들은 열심히 의견을 나누며 문제를 풀어 갔다.

"선생님, 저희 완벽하게 풀었어요!"

"그래? 답이 어떻게 나왔지?"

"160°요!"

하늬가 말했다.

"정답! 아주 잘했어!"

"풀이 과정도 알려 드릴까요?"

"하하하. 경하야, 선생님은 옆에서 너희가 한 말을 다 들었단다."

수업 시간은 5분 남짓 남아 있었다.

"자, 5분 동안 다른 문제를 풀기는 어려울 것 같으니 다음 주까지 숙제로 내줄게. 혹시 질문 있는 사람?"

"선생님, 조금 엉뚱한 질문인데 해도 돼요?"

하늬가 손을 들고 물었다. 아이들은 1초라도 빨리 교실에서 탈출하고 싶어서 하늬의 질문을 달가워하지 않았다.

"그래, 뭐지?"

"시간여행이 궁금해서요. 책에서 봤는데 빛의 속도로 운동하는 물체에서는 시간이 느리게 간다고 하더라고요. 진짜예요?"

"음, 아인슈타인의 특수상대성이론에 따르면 그렇다던데, 선생님도 진짜인지는 모르겠어."

"과학책에서 봤는데요, 빛의 속도로 우주여행을 하고 지구로 돌아오면 제가 아는 사람들은 이미 다 죽고 없을 거래요. 지구에서의 시간이 훨씬 빠르게 흘러서 그렇대요."

"야, 너는 지구로 돌아왔는데 가족이 아무도 없으면 좋겠냐?"

주성이가 어이가 없다는 듯 묻자 하늬가 답답해하며 말했다.

"어휴, 그게 아니고 난 시간여행이 궁금해서 그래. 시간의 터널 같은 데를 지나서 먼 미래나 과거로 갈 수 있다는데 그게 정말일지 궁금하다고."

그 말에 영실이와 경희, 기현이는 말없이 눈빛을 교환했다. 특히 영실이는 시간의 터널이란 말에 수학 동굴이 떠올랐다. 아마 경하와 기현이도 그랬을 거라고 생각했다.

"하늬야, 시간의 터널이라는 게 웜홀을 말하는 거지? 선생님도 인간이 만약 무시무시한 중력을 이기고 웜홀을 통과할 수만 있다면 시간여행이 가능할 거라고 생각해. 또 모르지. 우리가 모르는 어딘가에 과거나 미래로 향하는 문이 있을지 말이야."

영실이가 궁금증을 참지 못하고 손을 들었다.

"선생님, 시간이 멈추는 건 왜 그런 거예요?"

"시간이 멈춰?"

"네, 제가 책에서 봤는데 갑자기 시간이 멈추고 온 세상이 정지 상태가 되는 거예요. 아무 소리도 안 들리고 새도 구름도 안 움직여요."

"아, 그건 SF 영화나 만화 같은 데서 나오는 얘기지."

선생님이 말했다.

"아니에요. 진짜 시간이 멈췄어요."

기현이가 이렇게 말하며 자리에서 벌떡 일어났다.

그때 수업 시간이 끝났음을 알리는 종소리가 울렸다.

"아이고, 선생님도 시간이 멈췄으면 좋겠다. 자, 다음 시간까지 선생님이 내준 문제 풀어 오렴. 다음 시간에 보자."

"네!"

주성이와 하늬는 힘차게 대답했지만 영실이와 경하, 기현이는 자리에 멍하니 앉아 있었다. 세 아이는 뭔가 풀다 만 문제를 놓고 강제로 쫓겨나는 기분이었다.

○ 콕콕 짚고 가요! ○

이야기 속에 숨어 있는 수학 개념

시계의 각도를 구할 때는 분침과 시침의 이동 속도가 다르기 때문에 분침과 시침의 각도를 각각 고려하며 문제를 풀어야 합니다. 수학의 발견 동아리 친구들이 찾아낸 시계 각도 문제의 풀이법을 복습하고, 새로운 문제를 함께 풀어 봐요!

분침은 1시간(60분)에 한 바퀴를 돌기에 360°를 회전합니다. 따라서 360°를 60(1시간=60분)으로 나누면, 분침이 1분에 6°씩 회전한다는 것을 알 수 있죠. 시침은 1시간에 시계의 숫자 12칸 중 1칸을 이동합니다. 시계의 1~12까지 숫자 사이 간격은 한 바퀴(360°)를 12등분 한 것이므로 30°가 됩니다. 따라서 시침은 1시간(12등분의 1칸)에 30°, 30분에 15°, 10분에 5°씩 회전하죠.

시계 문제 팁: 시계 문제를 풀 때는 시계의 숫자 12를 기준으로 회전한 각도를 따지는 것보다 시침이 움직이기 시작한 위치를 기준으로 따지는 것이 쉽습니다.

(연습문제)

시계가 10시 40분을 가리킬 때, 시침과 분침이 이루는 작은 쪽의 각도는 얼마일까요?

(풀이)

시계의 현재 시각이 10시 40분이므로, 10시를 기준으로 40분의 시간이 흘렀습니다. 이때 시침은 시계의 숫자 10의 위치에서 10분에 5°씩, 40분 동안 '4×5°=20°'만큼 회전했고, 분침은 40분을 표시하는 시계의 숫자 8에 가 있게 되므로 시계의 숫자 10과 2칸(60°)이 떨어져 있습니다. 따라서 시침이 움직인 20°를 더하면, 시침과 분침이 이루는 작은 쪽의 각도는 '60°+20°=80°'입니다.

다시 멈춘 시간

"그렇게 급한 숙제가 있는 줄 알았으면 할머니 댁에 다음에 갈 걸 그랬나 보다."

엄마가 운전을 하며 조수석에 앉은 영실이에게 말했다.

영실이는 할머니 댁에서 집으로 돌아오는 내내 동아리 시간에 받은 숙제와 씨름하고 있었다.

"급한 숙제는 아니에요. 그냥 빨리 풀어 보고 싶어서 그래요."

"그래. 수학 문제라며, 잘 안 풀려?"

사실 문제는 영실이에게 쉽지도 어렵지도 않았다. 그럼에도 생각보다 시간이 오래 걸리는 이유는 자꾸 창밖으로 시선을 빼앗겨 집중을 할 수 없어서였다.

"아뇨, 얼른 풀어 볼게요."

영실이는 문제를 천천히 다시 읽어 보았다.

1시간에 1분씩 빨리 가는 시계와 1시간에 2분씩 느리게 가는 시계가 있습니다. 현재 두 시계는 둘 다 12시 정각을 가리키고 있습니다. 지금과 같이 두 시계의 바늘이 같은 시각을 가리킬 때는 며칠이 흐른 뒤일까요? (단, 두 시계에는 초침과 분침이 없고 시침만 있습니다.)

"엄마, 일정 시간 조금씩 빠르게 가는 시계랑 일정 시간 조금씩 느리게 가는 시계가 같은 시각을 가리키는 건 어떨 때를 말하는 걸까요?"

"음, 영실아. 운동장에 원을 그리고 두 사람이 달리기할 때를 생각해 봐. 두 사람의 거리가 벌어졌다가 두 사람이 다시 나란히 뛰는 건 느리게 가던 사람이 앞선 사람을 따라잡을 때겠지?"

"네. 맞아요."

"또 어떨 때가 있을까?"

"음, 앞선 사람이 엄청나게 빨라서 한 바퀴를 돌아 따라잡았을 때요!"

"맞아. 그런데 두 시계가 각각 일정하게 느리고 일정하게 빠르게 간다고 했으니까 두 시계의 바늘이 동일한 시각을 가리킬 때는 빠르게 가는 시계가 느리게 가는 시계를 한 바퀴 따라잡았을 때를 말하는 걸 거야."

"아하! 이제 알겠어요."

영실이는 꽉 막혔던 머릿속에 고속도로가 뚫린 기분이었다.

"시계는 한 바퀴를 따라잡는 데 12시간이 걸리니까 빠르게 가는 시계와 느리게 가는 시계의 차이가 12시간이 될 때를 구하면 되네요."

영실이는 노트에 차근차근 문제를 풀어 나갔다.

빠르게 가는 시계는 매시간 1분씩 빨라진다.

느리게 가는 시계는 매시간 2분씩 느려진다.

그러므로 두 시계는 매시간 3분의 간격이 벌어진다.

따라서 12시간(720분)의 간격이 벌어지기 위해서는

'720÷3＝240(시간)'이 흘러야 한다.

240시간을 24시간(1일)으로 나누면 10일이니까 정답은 10일!

10일이 흐르면 두 시계는 같은 시각을 가리킨다.

"예스! 엄마 덕분에 완벽하게 풀어냈어요."

"다행이네. 그런데 오늘 차가 왜 이렇게 막히지?"

영실이가 창밖을 내다보니 조금 전보다 확실히 도로에 차가 많아졌다.

"엄마, 여기가 어디예요?"

"이제 집에 거의 다 왔어. 저 사거리만 지나면 너희 학교 앞이야."

그때였다. 사이렌 소리가 점점 더 커지더니 차창 밖으로 소방차와 119구급차가 줄지어 지나가는 게 보였다.

"저런, 어디서 불이 났나 보네. 큰 피해가 없어야 할 텐데……."

엄마와 영실이는 꽉 막힌 도로를 겨우 지나 집에 도착했다.

"영실아, 엄마 주차하고 갈 테니 먼저 들어가."

영실이는 골목 어귀에서 가방을 챙겨 먼저 내렸다.

"지난번처럼 휴대전화 놓고 내리지 말고 꼭 챙겨라."

"네, 가방에 있어요."

영실이는 집을 향해 걸으며 가방을 열고 휴대전화가 있는지 확인했다. 영실이의 휴대전화는 가방 뒤쪽 맨 아래 깊숙이 있었다. 영실이는 그대로 둘까 하다가 꺼내서 확인해 보았다. 그런데 무슨 일인지 경하에게서 부재중 전화가 일곱 번이나 와 있었다.

영실이는 경하에게 전화를 걸었다. 경하가 두 번, 세 번째도 전화를 받지 않자 이번에는 기현이에게 전화를 걸었다. 다행히 기현이는 곧바로 전화를 받았다.

"기현아, 나 영실인데 경하한테 무슨 일 있어?"

"경하? 모르겠는데? 아까 니한테 여러 번 전화했던데 내가 못 받았어."

"너도 못 받았어?"

"너도? 난 집에 들어가서 전화해 보려고."

"너 지금 어딘데?"

"엄마랑 마트 갔다가 집에 가는 길이야. 거의 다 왔어."

"그럼 지금 나 좀 만날 수 있어?"

영실이는 왠지 불안한 마음이 들었다. 그래서 기현이도 보고 경하 얼굴도 봐야 마음이 놓일 것 같았다.

"좋아. 너희 집이랑 우리 집 중간 우주놀이터에서 만나자."

"알았어. 빨리 갈게."

영실이는 통화를 마치고 우주놀이터로 향했다. 그러면서 엄마에게 아무 말도 하지 않고 온 게 생각이 났다. 영실이는 곧바로 엄마에게 전화를 걸었다.

"영실아, 너 집에 안 들어오고 어디 갔어?"

"엄마, 저 잠깐 기현이랑 경하 좀 만나고 올게요."

"그래, 어쨌든 일찍 들……."

뚜뚜뚜, 뚜뚜뚜뚜.

"엄마? 엄마! 안 들려요?"

갑자기 엄마와의 통화가 끊겼다. 아무리 불러도 엄마는 대답을 하지 않았다. 그리고 웬일인지 다시 전화를 걸어도 통화가 되지 않았다.

"이상하네?"

그 순간, 영실이가 언젠가 느꼈던 익숙하고 두려운 고요함이 엄습했다. 영실이는 조심스럽게 고개를 들어 주위를 둘러보았다.

"하!"

영실이 입에서 공포의 탄성이 터져 나왔다. 조금 전까지만 해도 바쁘게 움직이던 사람들이 모두 멈춰 서 있었다. 도로를 달리는 차도, 자전거를 탄 사람도 그림처럼 정지해 있었다.

"기현아!"

영실이는 저도 모르게 큰 소리로 기현이를 부르며 뛰었다. 우주놀이터까지 뛰어가는 동안 뭐라도 소리를 내야 할 것만 같아 영실이는 떨리는 목소리로 계속해서 기현이를 불렀다.

"기현아! 어딨어?"

우주놀이터에 도착했지만 인형처럼 멈춰 선 사람들 중에 기현이는 없었다. 영실이는 기현이네 집 방향으로 뛰다가 무언가를 발견하고는 우뚝 멈춰 섰다. 바로, 기현이였다! 아마도 우주놀이터를 향해 오다가 시간과 함께 멈춰 버린 것 같았다. 기현이는 초코바를 먹고 있었다. 그리고 손에는 초코바 2개를 들고 있었다. 영실이는 그 초코바가 자신과 경하를 위한 거라는 걸 알 수 있었다.

'어떻게 된 거지? 기현이가 왜 멈췄지?'

영실이는 무섭고 불안해서 견딜 수가 없었다. '기현이가 왜 멈췄는지'보다 먼저 알아내야 할 건 '시간이 왜 다시 멈췄는지'였다.

영실이는 경하에게 전화를 걸어 보았다. 하지만 시간이 멈춘 세상에서 휴대전화는 무용지물이었다.

영실이는 경하네 집으로 뛰었다. 그런데 얼마쯤 가다 보니 경하네 집이 아니라 다른 곳으로 가야 한다는 생각이 들었다. 주위를 둘러보다가 자신이 탈 만한 자전거를 발견했다. 영실이는 자전거 핸들을 잡고 있는 사람한테서 조심스럽게 자전거를 떼어 냈다.

"죄송합니다. 잠시만 빌릴게요."

영실이는 자전거를 타고 수학 동굴로 향했다.

시간이 멈춘 세상은 자전거를 타기에는 안성맞춤이었다. 움직이는 장애물을 피하는 것보다 그림처럼 멈춰 선 장애물을 피해 달리는 게 훨씬 더 쉬웠기 때문이다.

'경하야, 제발! 제발!'

영실이는 시간을 멈춘 게 경하가 한 일이기를 바라고 또 바랐다. 그래야만 아무 일 없이 시간을 다시 흘러가게 할 수 있을 것 같았기 때문이다.

영실이가 토끼산에 거의 다다랐을 때였다. 고요히 멈춘 세상의 반대편에서 무언가가 움직이는 게 눈에 들어왔다.

"어?"

그건 자전거였다. 자전거를 탄 사람이 빠르게 달려오고 있었다. 얼마 지나지 않아 그 사람이 경하라는 걸 알 수 있었다.

"경하야! 어떻게 된 거야? 네가 시간을 멈췄어?"

"응. 영실아, 우리 아빠가 위험해. 나 아빠를 구하러 가야 해."

경하는 잠시 속도를 늦췄지만 이내 다시 전속력으로 페달을 밟았다. 영실이는 온 힘을 다해 경하의 뒤를 쫓았다.

잠시 뒤, 두 사람이 도착한 곳은 불이 난 공사 현장이었다. 시간이 멈춘 탓에 타오르던 불과 쏟아지던 물도 정지 화면처럼 멈춰 있었다.

"경하야, 너희 아빠가 여기 계셔?"

"응, 우리 아빠가 회사를 그만뒀거든. 새 직장을 구할 때까지 여기 공사 현장에서 일하신다고 했어. 오늘이 첫날인데……."

경하가 말끝을 흐리며 흐르는 눈물을 두 손으로 재빨리 훔쳐 냈다.

"아빠 어디 계신 거야?"

"몰라. 찾아봐야 해."

경하는 대답을 하는 둥 마는 둥 공사장으로 뛰어들었다.

"잠깐만! 같이 가!"

영실이도 정신없이 경하를 따라갔다.

영실이는 일부러 소방대원들의 호스에서 쏟아지다 멈춘 물줄기를 통과해 몸을 적셨다. 그러곤 경하도 물줄기 속으로 끌어들였다.

"이렇게 하면 좀 덜 뜨겁지 않을까?"

"맞아. 혹시 숨쉬기가 힘들면 젖은 옷으로 이렇게 해야 해."

경하가 옷소매를 코와 입에 갖다 대며 말했다.

경하와 영실이는 먼저 지하로 내려갔다.

"아빠, 어디 있어요?"

경하는 아빠가 들을 수도, 대답할 수도 없다는 걸 알면서도 아빠를 불렀다. 영실이도 덩달아 아저씨를 외치며 불안한 마음을 달랬다.

"여긴 아무도 없는 것 같아."

"올라가자!"

공사장 건물은 그리 넓지 않아서 내부가 한눈에 들어왔다. 1층과 2층에는 아무도 없었다. 문제는 3층이었다. 불은 3층 복도 입구에서 난 것 같았다. 소방대원들은 소방 호스를 끌고 2층과 3층 계단 사이를 오르던 중이었다. 3층은 아래층들과 달리 입구부터 훨씬 뜨겁고 연기가 자욱했다.

"아빠가 여기 계신 것 같아."

경하는 금방이라도 울음을 터뜨릴 것 같았다. 다행히 시간이 멈춘 덕분에 불길은 더 타오르지 않았고 연기도 더 심해지지 않았다. 영실이는 안쪽으로 한번 들어가 볼 만하다고 생각했다.

"경희야, 잠깐만 기다려 봐."

영실이는 1층으로 내려가서 소방대원들이 쓰고 있던 소방모 2개를 벗겨 들고 왔다. 그러고는 경하에게 하나 건네고 하나를 머리에 눌러 썼다.

"이렇게 하면 아무 걱정 없어."

영실이는 불안해하는 경하에게 힘이 되어 주고 싶었다. 그래서 일부러 더 씩씩한 척을 했다.

"내가 먼저 들어갈게."

영실이가 앞장서자 경하도 뒤를 따랐다. 두 아이는 입구 쪽 불길을 피해 무사히 3층 안쪽으로 들어갔다. 그러자 곧 방 한구석에 쪼그려 앉아 있는 두 사람이 보였다. 한 사람은 경하 아빠였고, 한 사람은 동료인 듯했다.

"아빠, 괜찮아요?"

경하가 아빠한테 달려가 얼굴을 살피더니 왈칵 울음을 터뜨렸다.

"경하야, 걱정하지 마. 수건으로 입을 막고 앉아 계신 걸로 봐선 괜찮으신 것 같아."

"으응."

경하가 눈물 가득한 눈으로 영실이를 올려다보며 대답했다.

경하는 아빠를 안았다가 힘에 부치는지 다시 업어 보려고 애썼다. 영실이가 보기에 덩치 큰 두 성인 남자를 안거나 업어서 대피시키는 건 쉽지 않아 보였다. 영실이는 얼른 주위를 훑어보았다.

"저거다! 저기 손수레에 태워서 대피시키자."

영실이가 반대편 구석에 있던, 자재를 실어 나를 때 쓰는 손수레를 가지고 왔다. 경하와 영실이는 경하 아빠를 먼저 손수레에 태워서 1층 밖으로 무사히 데리고 나갔다. 공사장 계단은 수레가 오르내리기 쉽도록 경사판을 덧대 놓아 1층까지 내려가는

게 어렵지 않았다. 경하와 영실이는 경하의 아빠와 함께 있던 아저씨도 같은 방법으로 대피시켰다.

"후우, 이제 됐다. 이제 구급대원들이 잘 살펴주실 거야."

영실이가 안도의 한숨을 내쉬었다.

"영실아, 고마워."

"고맙긴. 늦지 않아서 다행이야."

영실이와 경하는 쓰고 있던 소방모를 소방대원에게 돌려주고 자전거를 몰고 공사장을 빠져나왔다.

"수학 동굴로 가자."

"응. 가서 멈춘 시간을 다시 흐르게 하자."

경하와 영실이는 자전거를 타고 토끼산을 향해 힘차게 달렸다.

토끼산에 도착해 수학 동굴로 간 두 아이는 시간을 다시 흐르게 했다. 시간이 다시 흐르고 얼마 지나지 않아 경하 엄마에게서 전화가 왔다.

"경하야, 아빠가 큰일 날 뻔했다."

엄마의 울먹이는 목소리를 들으니 경하는 또 눈물이 쏟아질 것 같았다. 엄마는 아빠가 일하는 공사 현장에서 불이 났지만 다행히 아빠는 무사하다고 말했다. 이미 알고 있었지만 엄마한테 확인받고 나니 경하는 비로소 마음이 놓였다.

○ 콕콕 짚고 가요! ○

이야기 속에 숨어 있는 수학 개념

엄마의 힌트로 영실이는 빠르게 가는 시계와 느리게 가는 시계의 시간 차이를 활용해 문제를 멋지게 풀어냈어요. 그렇다면 각각의 시계는 한참의 시간이 흐른 뒤 원래의 시간에서 얼마나 차이가 나게 될까요? 문제를 풀며 알아봅시다.

(연습문제) 빠르게 가는 시계

하루에 1분씩 빨라지는 시계가 있습니다. 오늘 오전 7시에 시계를 정확히 맞추어 놓았다면 다음 날 오후 7시에 시계는 몇 시 몇 분 몇 초를 가리킬까요?

(풀이)

오늘 오전 7시부터 다음 날 오후 7시까지는 총 36시간이 걸립니다. 문제의 시계는 하루(24시간)에 1분, 하루의 반(12시간)에 30초씩 빨라지므로 36시간에는 1분 30초가 빨라집니다. 따라서 시계는 오후 7시 1분 30초를 가리키게 됩니다.

- 다음 날 오후 7시-오늘 오전 7시=36시간
- 36시간=24시간+12시간=24시간+(24시간÷2)
- 24시간에 1분씩 빨라지므로 36시간에는 '1분+30초'씩 빨라집니다.
  ∴ 오후 7시+1분 30초=오후 7시 1분 30초

(연습문제) 느리게 가는 시계

하루에 1분씩 느리게 가는 시계가 있습니다. 오전 7시에 시계를 정확히 맞추어 놓았다면, 다음 날 오전 11시에 시계는 몇 시 몇 분 몇 초를 가리킬까요?

(풀이)

오늘 오전 7시부터 다음 날 오전 11시까지는 28시간(24시간+4시간)이 걸립니다. 문제의 시계는 하루(24시간)에 60초(1분), 4시간에 10초씩 느려지므로 '60초+10초=70초(1분 10초)'가 느려지지요. 따라서 시계는 낮 12시 58분 50초를 가리킵니다.

- 다음 날 오전 11시-오늘 오전 7시=28시간
- 28시간=24시간+4시간
- 24시간에 1분씩 느리게 가므로 4시간에 10초씩 느려지고, 28시간에는 '60초+10초=70초' 느려집니다.
  ∴ 오후 1시-70초=오후 12시 58분 50초

사라진 열쇠는 어디에

"그게 정말이야?"

기현이가 자리에서 벌떡 일어나며 큰 소리로 물었다.

"쉿! 정말이라니까."

수학 동굴로 가서 시간을 다시 흐르게 한 영실이와 성하는 동굴 밖으로 나오자마자 기현이의 전화를 받았다. 기현이는 엄청난 사건이 일어났다는 아이들에게 우주놀이터에서 기다릴 테니 빨리 오라고 신신당부를 했다. 두 친구가 올 때까지 기현이는 엄청난 사건이 뭘까 궁금해하며 발을 동동 구르고 있었다.

"와! 그러니까 내가 조금 전까지 시간과 함께 멈춰 있었다고?"

"맞아. 너, 울트라 초코바 먹으면서 2개는 우리 주려고 손에 들고 오고 있었잖아."

"헐! 그, 그걸 어떻게 알았어?"

기현이는 놀라서 표정이 굳어 버렸다.

"근데 그 초코바 어디 있냐?"

경하가 물었다.

"너희 기다리다가 다 먹었어."

"짜식! 의리도 없이!"

그때 영실이가 조용히 손짓을 하며 말했다.

"저기 봐. 내가 아까 빌려 간 자전거, 저 아저씨 거였거든."

"지금 찾으러 온 거야?"

"그런 것 같아."

영실이는 자전거를 원래 있던 곳에 세워 놓고 주인이 다시 안 오면 어쩌나 내심 걱정했다. 잠시 빌린 거였는데 주인이 찾아가지 않으면 도둑질한 게 되니 마음이 여간 불편한 게 아니었다. 그런데 다행히 자전거 주인이 다시 와서 자전거를 타고 가는 걸 보자 마음이 가벼워졌다.

"너희가 정말 경하 아빠를 불길 속에서 구했어?"

"응. 소방대원들을 헤치고 들어가서 구했지."

경하가 영실이를 보며 한껏 미소를 지어 보였다.

경하는 아빠한테 아무 일 없다며 걱정 말라고 했다. 영실이는 그런 경하가 무척 부러웠다.

"그런데 난 너희랑 달리 왜 멈춰 버린 거지?"

기현이가 물었다. 영실이도 경하도 그게 무척 궁금했다.

"음……, 수학 동굴에 안 가서 그런 걸까?"

"그건 영실이도 마찬가지잖아. 시간이 멈출 때 영실이는 너보다 나랑 더 가까운 곳에 있었어."

기현이가 말했다.

"혹시 이것 때문 아닐까?"

영실이가 주머니에서 시간여행 열쇠를 꺼내 흔들어 보였다.

"경하야, 너 이 열쇠 가지고 있어?"

"응. 난 늘 주머니에 넣어 가지고 다녀."

"기현이 넌?"

"나? 난 없어."

"설마 잃어버린 건 아니지?"

경하가 걱정 가득한 표정으로 물었다.

"그게, 분명히 가지고 있었는데……."

기현이가 괜히 주머니를 뒤지며 머쓱해했다.

"그러고 보니 지난번 동아리 시간에 네가 열쇠를 손가락에 끼워서 돌렸던 것 같은데?"

경하가 말했다.

"맞다! 그날 잃어버렸나?"

"야! 그렇게 중요한 걸 잃어버리면 어떻게 하냐?"

영실이는 자기도 모르게 버럭 소리를 질렀다.

"미안해. 다시 찾으면 되지. 집에 있을지도 모르잖아."

"그러지 말고 학교에 가서 같이 찾아보자."

경하 말에 세 아이는 곧바로 학교로 향했다.

학교에 도착할 때까지 아이들은 기현이의 시간이 멈춘 이유에 대해 결론을 내지 못했다. 열쇠 때문일 거라던 영실이마저도 확신을 하지 못했다. 경하는 기현이가 시간을 한 번 멈췄던 경험 때문이 아니냐고 했다. 이야기를 나눌수록 아이들은 더 혼란스러워졌다.

학교 교문은 보안관 선생님이 지키고 계셨는데, 학교에 들어갈 수 없다고 했다. 하지만 아이들이 중요한 열쇠를 두고 와서 꼭 찾아야 한다고 말하자 열쇠만 찾아 빨리 나와야 한다고 신신당부하며 들어가게 해 주셨다.

교실로 간 아이들은 기현이의 책상 서랍과 사물함, 분실물 상자와 쓰레기통 주변을 샅샅이 뒤졌다. 하지만 열쇠는 보이지 않았다.

아이들은 지난번에 동아리 수업을 했던 3층 과학실로 올라갔다.

"헉! 어쩌지?"

기현이가 과학실 문을 열려다 말고 경하와 영실이를 돌아보며 난처한 표정을 지었다.

"왜? 잠겼어? 그럴 줄 알았어. 그냥 가자."

경하가 짧은 한숨을 쉬며 포기했다.

"잠깐! 열려라 참깨!"

기현이는 우스꽝스러운 포즈와 함께 우렁차게 주문을 외우더니 과학실 문을 활짝 열었다.

"이런 상황에 무슨 장난을 치냐?"

영실이가 키득거리며 열린 문으로 앞장서서 들어갔다.

아이들은 지난 수업 시간에 앉았던 자리를 중심으로 열쇠를 찾아보았다. 그리고 교탁 주변과 교구가 든 서랍도 구석구석 살펴봤지만 열쇠는 없었다.

"여긴 없나 봐."

경하가 팔다리를 던지듯이 의자에 풀썩 쓰러지며 말했다. 마치 경하 모양의 양탄자가 의자에 걸쳐진 모양새였다. 영실이와 기현이도 경하를 따라 의자에 털썩 주저앉았다. 잠시 한숨 돌리던 영실이의 눈에 칠판에 쓰인 글씨가 들어왔다.

"야, 분동이 뭐냐?"

"봄동? 봄에 나오는 배추 아니야?"

"아니, 봄동 말고 분동! 저기 칠판에 적힌 문제 말이야."

영실이 말에 경하와 기현이도 칠판에 눈길을 주었다.

칠판에는 과학 문제인지 수학 문제인지 모를 문제가 하나 적혀 있었다.

"이게 분동 아냐?"

경하가 책상 위에 놓인 원통 모양의 작은 쇳덩이를 들어 보였다.

"여기 몇 그램인지도 적혀 있어."

영실이 앞 책상 위에도 여러 크기의 분동들이 놓여 있었다. 영실이는 분동을 하나하나 들어 무게를 살펴보더니 이렇게 말했다.

"우리 심심한데 저 문제나 풀어 보자."

"제정신이야? 심심해서 수학 문제를 푼다고?"

기현이는 발끈했지만 경하는 이미 칠판에 적힌 문제를 큰 소리로 읽고 있었다.

> 1g, 2g, 4g, 8g, 16g의 분동이 각각 1개씩 있습니다. 물건의 무게를 재려고 할 때, 분동을 양팔접시저울의 한쪽 접시에만 놓을 수 있습니다. 주어진 5개의 분동으로 몇 가지의 서로 다른 무게를 잴 수 있을까요?

"1그램, 2그램, 4그램, 8그램, 16그램 일단 다섯 가지!"

기현이가 자신만만하게 대답했다.

"1그램이랑 2그램을 같이 놓으면 3그램도 잴 수 있지. 그러니까 여섯 가지!"

"잠깐! 기준을 세우고 천천히 다시 세어 보자."

영실이가 칠판 앞으로 나가 분필을 들고 말했다.

"먼저 1분동과 2분동으로 잴 수 있는 무게는 모두 몇 가지지?"

"세 가지!"

기현이가 말했다.

"그럼 1·2·4분동으로 잴 수 있는 무게는 몇 가지나 될까?"

각자 생각을 하느라 잠시 침묵이 흘렀다.

"일단 1·2·3그램에 4·5·6그램을 더 잴 수 있으니까 여섯 가지가 된 것 아냐?"

"7그램도 잴 수 있어. 1·2·4분동 3개를 다 올려놓으면 7그램이잖아."

"맞다! 그걸 깜빡했네."

기현이 말에 경하가 아쉬워하며 말했다.

"이거 재밌는데! 그럼 이번엔 1·2·4·8분동으로 잴 수 있는 무게를 세어 보자."

분동 수가 늘어나자 아이들은 점점 자신이 없어졌다.

"뭔가 쉬운 방법이 있을 것 같은데······."

영실이는 책상 위에 놓인 분동을 이리저리 몰았다 떼었다 하며 간단한 방법이 없을지 생각했다.

"그래, 이거야!"

"뭔데?"

"잘 봐. 우리가 1·2·4그램으로 총 7개의 서로 다른 무게를 잴 수 있었잖아?"

"응."

"그러다가 8분동이 하나 더 늘어난 거잖아."

"그렇지!"

경하와 기현이는 수학 문제를 풀 때마다 영실이가 설명을 쉽게 잘 해 준다고 생각했다.

"그럼 8분동 하나로 잴 수 있는 무게 하나랑 일곱 가지 무게에 각각 8분동을 더한 무게 가짓수만큼 늘어나는 거야. 그러니까 총 열다섯 가지지."

"아하!"

"대박 쉬워!"

기현이는 영실이가 알아낸 방법에 거듭 감탄을 쏟아 냈다.

"얘들아, 이 문제 정답은 내가 맞혀 볼게."

"그래, 기현이 네가 마무리를 잘해 봐."

영실이는 분필을 놓고 칠판에서 떨어져 섰다. 마치 교대라도 하듯이, 기현이가 그 자리로 가서 분필을 들고 칠판에 순서대로 가짓수를 적으며 차분히 문제를 풀었다.

"어때? 서른한 가지가 맞아?"

"딩동댕! 맞지?"

기현이 말에 경하가 입으로 실로폰 소리를 내고는 자신이 없는 듯 곧바로 영실이를 보고 물었다.

"맞는 것 같아."

그때, 드르륵 문 여는 소리가 들렸다.

"너희 혹시 이 열쇠 찾으러 온 거야?"

"앗! 깜짝이야!"

갑자기 문이 열리고 나타난 사람은 하늬였다. 하늬는 세 아이가 찾고 있던 열쇠를 흔들어 보이며 물었다.

"이 녀석들! 열쇠만 찾고 바로 나오라고 했더니 여기서 뭐 하는 거냐?"

몇 초 사이로 보안관 선생님이 따라 들어왔다.

영실이와 경하, 기현이는 하늬와 하늬가 들고 있는 열쇠와 함께 학교 밖으로 내쫓겼다.

"하늬야, 우리가 열쇠 찾고 있는 건 어떻게 알았어?"

영실이가 교문 밖으로 나서자마자 물었다.

"보안관 선생님이 얘기해 주셨어. 내가 너희 만나러 학교 안으로 들어가고 싶다고 했거든. 그랬더니 열쇠를 찾는다더니 왜 이렇게 늦는지 같이 가 보자고 하신 거야."

"우리를 만나러 왔다고?"

"응. 너희한테 물어보고 싶은 게 있어서."

하늬는 왠지 무척 불안해 보였다.

"뭔데?"

"혹시 그 열쇠를 가지고 있으면……."

하늬는 기현이가 들고 있는 열쇠를 보더니 다시 말을 이었다.

"이상한 일이 일어나니?"

"이상한 일? 그게 무슨 말이야?"

모르는 척했지만 영실이는 하늬가 겪은 일이 뭔지 알 것 같았다.

"그 열쇠에 '타임 트래블 키'라고 적혀 있잖아. 그런데 아까 이상한 일이 일어났어. 처음엔 꿈인 줄 알았는데 꿈이 아닌 것 같아. 내가 그 열쇠를 가지고 있어서 일어난 일이 아닐까 궁금했어."

"헐! 혹시 너 시간이 멈춘 걸 봤어?"

"아까 낮에……, 그게 시간이 멈춘 것 맞아? 너희도 봤어?"

기현이 때문에 세 사람만의 비밀이 순식간에 깨지고 말았다.

영실이와 경하는 아무 말도 하지 않았다.

"맞아. 사실 난 열쇠가 없어서 시간이랑 함께 정지됐었어. 그때 경하가 동굴에 가서 시간을 멈추고 영실이랑 함께 경하 아빠를 구하러 갔었고."

"동굴?"

"응. 토끼산에 있는 동굴."

"아! 기억나! 나도 지도에서 봤어."

기현이는 하늬에게 수학 동굴에 대해 이야기해 주었다. 신기하게도 하늬는 그 모든 이야기를 믿는 것 같았다.

영실이는 하늬가 시간이 멈출 수 있다는 걸 자연스럽게 생각하는 것 같아 놀라웠다. 어쩌면 하늬가 읽은 과학책 때문이 아닐까 생각했다.

기현이는 내일 하늬와 함께 수학 동굴에 가기로 약속했다.

"너희도 같이 갈 거지? 같이 가자."

하늬가 재촉하자 영실이와 경하도 말없이 고개를 끄덕였다.

○ 콕콕 짚고 가요! ○

이야기 속에 숨어 있는 수학 개념

수학의 발견 동아리 친구들이 분동을 이용해 잴 수 있는 다양한 수를 어떻게 구했을까요? 다시 한번 천천히 풀어 보며 가능한 수에 대해 알아봐요!

1g, 2g, 4g, 8g, 16g의 분동이 각각 1개씩 있습니다. 물건의 무게를 잴 때, 분동을 양팔접시저울의 한쪽 접시에만 놓을 수 있습니다. 주어진 5개의 분동으로 몇 가지의 서로 다른 무게를 잴 수 있을까요?

- 1g, 2g으로 잴 수 있는 무게: 1g, 2g, 3g(1g+2g) → 3가지
- 1g, 2g, 4g으로 잴 수 있는 무게: 1g, 2g, 3g, 4g, 5g(1g+4g), 6g(2g+4g), 7g(3g+4g) → 7가지
- 1g, 2g, 4g, 8g으로 잴 수 있는 무게: 1g, 2g, 3g, 4g, 5g, 6g, 7g, 8g, 9g(1g+8g), 10g(2g+8g), 11g(3g+8g), 12g(4g+8g), 13g(5g+8g), 14g(6g+8g), 15g(7g+8g) → 15가지
- 1g, 2g, 4g, 8g, 16g으로 잴 수 있는 무게: 1g, 2g, 3g, 4g, 5g, 6g, 7g, 8g, 9g, 10g, 11g, 12g, 13g, 14g, 15g, 16g, 17g(1g+16g), 18g(2g+16g), 19g(3g+16g), 20g(4g+16g), 21g(5g+16g), 22g(6g+16g), 23g(7g+16g), 24g(8g+16g), 25g(9g+16g), 26g(10g+16g), 27g(11g+16g), 28g(12g+16g), 29g(13g+16g), 30g(14g+16g), 31g(15g+16g) → 31가지

∴ 총 31가지

4장
아빠를 구하라!

과거로 가는 시계와 고장난 열쇠?

아이들이 수학 동굴에 가기로 한 날은 일요일이었다. 날씨가 좋은 휴일이라 그런지 토끼산은 단풍 구경을 나온 사람들로 제법 북적거렸다.

집 근처에서부터 함께 출발한 영실이와 경하, 기현이가 토끼산 입구에 다다르자, 약속 시간보다 훨씬 일찍 도착한 하늬가 친구들을 향해 반갑게 손을 흔들었다.

"왜 이렇게 늦었어?"

"3분밖에 안 늦었는데?"

경하가 휴대전화를 꺼내 보며 말했다. 세 아이가 보기에 하늬는 난생처음 소풍을 가는 유치원생처럼 들떠 있었다.

사실 영실이와 경하는 하늬에게 동굴을 보여 주는 게 탐탁지 않았다. 셋만의 비밀을 갑자기 들킨 것도 싫었고, 뭔가 사건이 터질 것 같은 불안한 예감이 들었기 때문이다.

  동굴을 향해 걸으며 영실이는 주머니에 넣어 둔 열쇠가 잘 있는지 확인했다. 전날 영실이와 경하, 기현이는 시간여행 열쇠를 가져오기로 약속했었다. 그리고 동굴에 가면 다시 시계를 건드리는 일은 하지 말자고 의견을 모았다.

  수학 동굴로 가는 동안 하늬는 거의 혼자서 떠들었다. 과학실에 갔다가 바닥에 떨어진 열쇠를 주웠을 때 하늬는 그게 기현이 거라는 걸 알았다고 했다. 기현이가 수업 시간 내내 열쇠를 들고 빙글빙글 돌리고 있었으니 그럴 수밖에. 하늬는 열쇠를 돌려주려고 했는데 기현이 전화번호를 몰라서 월요일까지 잘 보관하기로 마음먹었다고 했다.

  "넌 어디 있다가 시간이 멈춘 걸 봤어?"

  기현이가 물었다.

  "내가 친구랑 문구점에 생일 선물을 사러 갔거든. 그때 시간이 멈춘 거야. 갑자기 사람들이 꼼짝도 하지 않더라. 차도 멈추고 소리도 하나도 안 들리고, 세상이 완전 진공상태가 된 것 같았어."

  진공상태라는 표현에 공감한 듯 영실이가 슬며시 미소를 지었다.

"그래서 어떻게 했어?"

"엄마한테 전화하고 119에도 전화했는데 전화가 다 안 되는 거야. 그래서 너무 무서워서 집으로 막 뛰어갔어. 근데 집에 아무도 없었어."

하늬는 방으로 들어가서 텔레비전과 노트북을 켰지만 모두 먹통이 되어 있었다고 했다. 그래서 방에 들어가 이불을 뒤집어쓰고 울다가 잠이 들었다고 했다.

"엄마가 나를 깨워서 일어났는데, 그땐 내가 겪은 일이 꿈인 줄 알았어."

"진짜 그랬겠다."

"응. 엄마한테 문구점에서 있었던 일을 이야기하니까 엄마가 재밌는 꿈을 꾸고 왜 울었냐고 했거든. 그래서 진짜 꿈인 줄 알았지."

"그런데 우리가 학교에 간 건 어떻게 안 거야?"

"동아리 수업 시간에 너희가 그랬잖아. 시간이 왜 멈추는 거냐고. 그래서 기현이 열쇠랑 너희가 한 말을 떠올리다가 너희 셋을 찾으러 무작정 나갔어. 열쇠도 돌려주고, 혹시 시간이 멈춘 일에 대해 알고 있는지 물어보려고. 근데 신기하지? 학교 앞을 지나가는데 너희가 학교로 들어가는 거야. 그래서 교문 앞에서 한참 기다렸어."

영실이와 경하, 기현이는 그제서야 하늬의 행동이 이해가 되었다.

수학 동굴은 토끼산에서도 가장 외진 곳에 위치해서인지 늘 인적이 드물었다.
"와! 여기가 토끼 동굴이구나!"
"응. 우리끼리는 이제 '수학 동굴'이라고 불러."
"오! 멋지다!"
하늬는 기현이 말에 탄성을 질렀다. 그리고 아무 거리낌 없이 동굴 안으로 들어갔다. 세 아이도 하늬를 따라 동굴 안으로 들어갔다.
"너희 말대로 정말 시계가 많네."
"시계를 절대 건드리면 안 돼. 건드리면 시간이 멈추거든."
기현이가 하늬 곁에 꼭 붙어 걸으며 말했다.
"신기해. 안으로 들어갈수록 시계가 과거 시각을 가리켜."
"그래?"
그러고 보니 그건 영실이와 경하, 기현이는 깨닫지 못한 사실이었다.
"혹시 이 동굴이 시간의 터널 같은 곳이 아닐까?"
"시간의 터널?"

"응. 우리 동아리 선생님이 그랬잖아. 웜홀을 통과하면 시간 여행이 가능할지도 모른다고. 또 우리가 모르는 어딘가에 과거나 미래로 향하는 문이 있을지도 모른다고. 이 동굴이 그런 문 아닐까 하는 생각이 들어."

영실이는 갑자기 심장이 쿵 하고 내려앉았다. 이윽고 전속력으로 100미터 달리기를 하고 난 후처럼 심장이 빠르게 두근거리기 시작했다.

"너희가 가진 열쇠로 이 덮개가 열렸다는 거야?"

하늬가 시계를 감싼 투명 덮개를 살펴보며 말했다.

"응. 여기 열쇠 구멍이 있지?"

"기현아, 한번 열어 볼래? 정말 열리는지 궁금해."

"안 돼. 그러다 또 시간이 멈추면 큰일이야."

기현이가 몸을 뒤로 빼며 말했다.

"맞아. 오늘은 아무것도 건드리지 않기로 우리끼리 약속했어."

경하가 단호한 표정으로 말했다.

"시계를 건드리지 않으면 되잖아. 그냥 그 열쇠로 정말 이 덮개가 열리는지 궁금해서 그래."

하늬는 보기보다 고집이 셌다. 영실이와 경하, 기현이는 하늬를 이길 수 없을 것 같았다. 결국 세 아이는 덮개만 열었다가 다시 닫기로 하늬와 약속하고 열쇠를 사용해 보기로 했다.

기현이가 주머니에서 열쇠를 꺼냈다. 그러고는 입구 쪽에서 가장 가까운 시계 덮개의 열쇠 구멍에 열쇠를 밀어 넣었다.

"어? 왜 안 되지?"

이상한 일이었다. 기현이가 맨 처음 덮개를 열었을 때와 달리 이번에는 아무 변화가 없었다.

"왜? 안 열려?"

"이상해. 저번엔 분명히 이 열쇠로 열었는데 지금은 꼼짝도 안 해."

"내가 해 볼게."

이번에는 경하가 열쇠를 꺼내 들고 나섰다.

경하는 심호흡을 한 번 하더니 아빠를 구하러 와서 시계를 멈췄을 때처럼 조심스럽게 열쇠를 밀어 넣었다.

"헐! 뭔가 잘못됐나 봐."

원래대로라면 '딸깍' 하는 소리를 내며 덮개가 열려야 했다. 하지만 경하 말대로 뭐가 잘못된 건지 아무런 변화가 없었다.

"에이, 혹시 나한테 거짓말한 거야?"

하늬가 의심스러운 눈초리로 물었다.

"절대 아니야. 우리가 두 번이나 상자를 열고 시간을 멈췄어. 영실아, 그렇지?"

경하가 펄쩍 뛰며 영실이에게 물었지만 영실이는 이미 동굴 안쪽으로 들어가 있었다.

"쟤는 저기서 뭐 해?"

하늬가 물었다.

"모르겠어. 가 보자."

영실이는 동굴 안쪽 또 다른 시계 앞에 서서 시계를 뚫어지라 쳐다보고 있었다.

"영실아, 우리 열쇠로는 덮개가 안 열려. 네 걸로 한번 열어 보자."

"안 돼!"

영실이가 열쇠를 쥔 주먹을 움켜쥐며 소리쳤다.

"야, 너 왜 그래?"

영실이가 이상하다는 걸 제일 먼저 알아챈 사람은 경하였다. 시계 앞에 선 영실이는 식은땀을 흘리며 몸을 덜덜 떨고 있었다.

아이들은 일단 영실이를 동굴 바닥에 앉혔다. 경하는 가방에서 물을 꺼내 건넸고, 하늬는 초콜릿을 꺼내 친구들에게 하나씩 나눠 주었다.

"달콤한 걸 먹으면 기분이 좋아진대."

이렇게 말했지만 하늬 눈에는 초콜릿을 씹어 먹는 영실이의 기분이 크게 달라지는 것 같지 않았다.

"영실아, 왜 그래? 우리 밖으로 나갈까?"

하늬가 조심스레 물었다.

"아니, 나가면 안 돼."

"뭐? 그게 무슨 말이야?"

"하늬야, 이 동굴이 과거나 미래로 시간여행을 하는 문일지도 모른다는 말, 사실일까?"

"에이, 그런 게 어딨어. 선생님이 그냥 해 본 말이지."

하늬는 영실이가 시간여행에 대해 겁을 잔뜩 집어먹은 거라고 생각했다. 그래서 일부러 대수롭지 않게 말해 안정시킬 셈이었다. 그런데 영실이는 뜻밖의 반응을 보였다.

"나, 꼭 시간여행을 해야 해."

"뭐?"

기현이는 영실이 말을 자기가 잘못 들은 거라고 생각했다.

"저 시계 말이야. 저 시계를 다시 돌아가게 하면 그날, 그 시각으로 돌아갈 수 있을까?"

"무슨 말도 안 되는 소리야? 게다가 우리 열쇠는 이제 먹통이 됐어."

경하가 말했다.

"안 돼! 흑흑, 흑흑흑."

영실이가 갑자기 서럽게 울기 시작하자 아이들은 무척 당황했다.

"영실아, 왜 울어?"

"흑흑. 저 시계 말이야. 우리 아빠가 작년 비행기 사고로 돌아가신 날에 멈춰 있어."

"뭐?"

기현이가 자리에서 일어나 시계 앞으로 다가갔다.

멈춘 시계의 날짜는 작년 비행기 사고가 났던 날을 가리키고 있었다. 그날 그 비행기를 몰았던 기장이 바로 영실이네 아빠였다.

"과거로 돌아갈 수만 있다면 나도 아빠를 살리고 싶어."

경하는 영실이의 마음을 백분 이해할 수 있었다.

"한번 해 보자!"

이번에는 경하가 시계 앞으로 다가갔다.

"뭘 해 보자는 거야?"

"혹시 모르잖아. 이 시계를 다시 움직이게 하면 과거의 이날로 돌아갈지."

하늬의 물음에 경하가 대답했다.

"대박! 완전 멋지겠다. 그럼 우리가 영실이네 아빠를 살릴 수 있단 거네? 어떻게 하면 돼? 우리가 한번 해 보자."

하늬가 반색하면서 대꾸하자 영실이도 자리에서 벌떡 일어났다. 하지만 몸이 너무 떨려서 제자리에 다시 앉아야 했다. 영실

이는 동굴 벽에 기대어 앉은 뒤 물 한 모금을 천천히 마셨다.

"얘들아, 이 투명 덮개는 좀 특이해. 열쇠 구멍 자리에 수학 문제가 적힌 패드가 하나 붙어 있어."

"와! 과거의 시계 덮개는 열쇠가 필요 없는 걸까?"

기현이가 말했다.

"그래? 아무래도 좋아! 우리가 거뜬히 풀어 주지!"

하늬는 갑자기 도전정신이 불타오른다며 가방에서 펜과 종이를 꺼냈다.

> 어떤 수학자가 죽음을 앞두고 비밀의 숫자를 유언으로 남겼습니다.
> 세 자릿수이고, 그 자릿수들을 모두 더하면 9입니다. 각 자릿수를 제곱한 것의 합은 30과 40 사이이고, 각 자릿수를 세제곱한 것의 합은 원래 세 자릿수와 같은 값이 됩니다.
> 최초의 세 자릿수는 얼마일까요?

"힐! 너무 어려운 것 아니야?"

역시나 기현이였다.

"아니, 쉽지도 않지만 그렇게 어렵지도 않아. 세 자릿수를 구하는 문제를 어떻게 풀어야 하는지 배운 적이 있어."

하늬는 이렇게 말하고는 노트에 네모 칸 3개를 그렸다.

"세 자릿수는 100의 자리, 10의 자리, 1의 자리란 말이잖아?"

"그렇지."

"그러니까 각각의 자릿수에 100, 10, 1을 곱해야 해."

$$\boxed{㉠\,㉡\,㉢} = 100 \times ㉠ + 10 \times ㉡ + ㉢$$

"먼저 각 자리의 수를 제곱한 것의 합이 30과 40 사이 수가 된다고 했잖아?"

"맞아."

"음 그렇다면 ㉠, ㉡, ㉢에 7, 8, 9는 들어갈 수 없어."

"왜?"

경하가 고개를 갸우뚱하며 묻자 하늬가 친절하게 설명해 주었다.

"7, 8, 9를 각각 제곱해서 더하면 40보다 커지기 때문이야."

"아하, 그러네! 그러면 저기 들어갈 세 수는 6 이하의 숫자인 거네?"

"그렇지!"

그때 영실이가 아이들 옆으로 다가와서 하늬의 노트에 적힌 문제를 보았다.

"그럼 이제 '㉠+㉡+㉢=9'를 만족하는 6 이하 세 수의 합을 구하면 돼."

아이들은 6 이하의 숫자를 조합해서 합이 9가 되는 다섯 가지의 경우를 찾아냈다.

- 6+2+1=9
- 5+3+1=9
- 5+2+2=9
- 4+3+2=9
- 3+3+3=9

"이 중에서 세 수의 제곱의 합이 30과 40 사이인 것은 이거랑 이거 두 가지야."

영실이가 손가락으로 두 식을 짚어가며 말했다.

- 5+3+1=9
- 5+2+2=9

아이들은 마지막 조건으로 나온 각 수의 세제곱 합을 구했다.

- 5, 3, 1의 세제곱 합: 5×5×5+3×3×3+1×1×1=153
- 5, 2, 2의 세제곱 합: 5×5×5+2×2×2+2×2×2=141

"정답은 153이야! 세 자릿수를 더하면 9가 되는 조건을 만족해."

하늬가 노트 위에 숫자 153을 크게 적어 보였다.

"야호! 우리가 정답을 알아냈다."

제일 기뻐한 건 기현이였다.

"자, 침착하게 여기 이 숫자패드에 153을 눌러 보자."

"제발, 제발 열려라. 열려라!"

기현이가 중얼거리며 주문을 외우자 영실이는 고개를 숙이고 눈을 감아 버렸다.

경하가 숫자패드에서 1과 5와 3을 정확히 눌렀다. 그러자 문제가 적힌 패드가 바닥으로 떨어져 내리면서 열쇠 구멍이 드러났다.

"어! 열쇠가 있어야 하나 봐."

경하가 주머니에서 열쇠를 꺼내 구멍에 밀어 넣었다. 하지만 덮개는 열리지 않았다. 기현이의 열쇠로도 덮개를 열 수 없었다.

"내가 해 볼게."

영실이가 일어나 열쇠를 손에 쥐고는 상자 앞으로 다가갔다. 그리고 구멍으로 열쇠를 밀어 넣었다.

딸깍.

덮개가 경쾌한 소리를 내며 부드럽게 열렸다. 아이들은 눈앞에서 일어난 일인데도 믿을 수 없다는 듯 그저 멍하니 서 있었다.

"기현이랑 내 열쇠는 한 번 사용한 거라 안 됐나 봐."

경하가 조용히 말하자 기현이도 고개를 끄덕였다.

"이제 어떻게 하지?"

"멈춘 시계를 다시 움직이게 해야지."

경하가 말했다.

"내가 할게."

영실이가 시계의 재생 버튼을 누르자 시계 초침이 똑딱 소리를 내며 움직이기 시작했다.

"됐어! 시계가 움직이고 있어."

하늬가 큰 소리로 외쳤다.

아이들은 떨리는 마음으로 서둘러 동굴 밖 세상으로 나왔다.

○ 콕콕 짚고 가요! ○

이야기 속에 숨어 있는 수학 개념

이전 타임머신 시계와 달리, 과거의 시간으로 가기 위해서는 제곱수 문제를 풀어야만 했어요. 제곱수의 개념을 정리해 보고, 문제를 다시 한번 천천히 풀어 봅시다.

어떤 수를 두 번 곱한 수를 제곱수, 세 번 곱한 수를 세제곱수, 네 번 곱한 수를 네제곱수라고 부릅니다. 제곱이면 숫자의 오른쪽 위에 작은 글씨로 2를, 세제곱이면 3을, 네제곱이면 4를 써서 표기해 주지요.

- 제곱수의 예
  $4 = 2 \times 2 = 2^2$
  $9 = 3 \times 3 = 3^2$

- 세제곱수의 예
  $8 = 2 \times 2 \times 2 = 2^3$
  $27 = 3 \times 3 \times 3 = 3^3$

- 네제곱수의 예
  $16 = 2 \times 2 \times 2 \times 2 = 2^4$
  $81 = 3 \times 3 \times 3 \times 3 = 3^4$

하늬가 제곱수 문제를 풀어낸 방법을 자세히 살펴볼까요?
㉠, ㉡, ㉢의 값은 조건에 부합하지 않는 숫자를 지워 가며 가능한 수를 줄이는 방법으로 답을 구할 수 있어요.

(조건)

㉠+㉡+㉢=9

$30 < ㉠^2+㉡^2+㉢^2 < 40$

$㉠^3+㉡^3+㉢^3=㉠×100+㉡×10+㉢$

(풀이)

$30 < ㉠^2+㉡^2+㉢^2 < 40$

7 이상의 수는 제곱의 값이 40보다 크기 때문에 ㉠, ㉡, ㉢에 들어갈 수 없어요.

- $7^2=49, 8^2=64, 9^2=81$

그리고 6 이하의 수 중 '㉠+㉡+㉢'이 9가 되는 경우는 다섯 가지입니다.

- 1+2+6=9
- 1+3+5=9
- 2+2+5=9
- 2+3+4=9
- 3+3+3=9

이 중 세 수의 제곱의 합이 30과 40 사이인 것을 찾아봅시다.

- $1^2+2^2+6^2=1+4+36=41$ (×)
- $1^2+3^2+5^2=1+9+25=35$ (○)
- $2^2+2^2+5^2=4+4+25=33$ (○)
- $2^2+3^2+4^2=4+9+16=29$ (×)
- $3^2+3^2+3^2=9+9+9=18$ (×)

조건에 해당하는 경우는 1·3·5와 2·2·5 두 가지입니다. 마지막 조건인 각 수의 세제곱의 합이 '㉠×100+㉡×10+㉢'과 같은 값을 구하면 다음과 같습니다.

- $1^3+3^3+5^3=1\times1\times1+3\times3\times3+5\times5\times5=153$
- $2^3+2^3+5^3=2\times2\times2+2\times2\times2+5\times5\times5=141$

따라서 ㉠은 1, ㉡은 5, ㉢은 3이 된다는 것을 알 수 있어요.

늦게 도착한 과거

 동굴 밖으로 나온 아이들의 눈에 들어온 것은 토끼산을 뒤덮은 꽃이었다.

 "얘들아, 저것 좀 봐. 봄이야."

 하늬가 바람에 흩날리는 벚꽃을 올려다보며 말했다. 동굴에 들어갈 땐 분명 울긋불긋한 단풍잎이 떨어지는 가을이었다.

 "대박! 그럼 우리가 진짜 1년 6개월 전으로 돌아간 거야?"

 기현이가 외쳤다.

 "신기해. 난 열쇠가 없는데도 시간여행을 할 수 있다니······."

 "아마도 우리가 다 같이 동굴 안에 있어서 그런가 봐."

 영실이가 말했다.

 "시간은?"

"4월 15일 오전 10시야."

경하의 물음에 영실이가 휴대전화를 보고 대답했다.

"큰일이야. 시간이 얼마 없어."

영실이는 휴대전화로 아빠에게 전화를 걸었다. 하지만 어쩐 일인지 영실이의 휴대전화는 통화가 되지 않았다. 다른 아이들의 전화기도 마찬가지였다.

"얘들아, 일단 뛰자!"

경하는 외침과 동시에 온 힘을 다해 토끼산 입구로 향했다.

토끼산은 화창한 날씨에 꽃구경을 나온 사람들로 가득했다. 여유롭게 꽃을 즐기는 사람들 사이에서 자전거를 타고 질주하는 아이들은 사람들의 시선을 한 몸에 받았다. 곡예라도 하듯 사람들 사이를 아슬아슬하게 달리자 여기저기서 불평이 날아왔다.

"이 녀석들, 위험하게 무슨 짓이야!"

"죄송합니다. 죄송합니다!"

영실이는 죄송하다는 말을 연거푸 외치면서도 속력을 줄일 수가 없었다. 토끼산 입구에 도착했을 때는 다들 쓰러지기 일보 직전이었다.

"헉헉헉. 영실아, 이제 어디로 가야 해?"

하늬가 가쁜 숨을 몰아쉬며 물었다.

"내가 아빠랑 살던 집."

"어떻게 가면 제일 빠르게 갈 수 있어?"

"버스는 막힐 거야. 지하철을 타고 가야 해."

지하철역으로 가려면 횡단보도를 건너야 했다. 아이들이 신호가 바뀌기를 기다릴 때 하늬를 부르는 소리가 들려왔다.

"하늬야! 너 어디 가냐?"

초록 모자를 쓴 신주성이었다.

"주성아, 우리가 좀 바쁘거든? 내일 학교에서 얘기하자!"

영실이가 하늬 대신 주성이에게 손을 흔들며 말했다. 그런데 주성이가 이상하다는 눈빛으로 영실이를 쳐다보더니 이렇게 쏘아붙였다.

"너 몇 반인데? 네가 나를 알아?"

"영실아, 지금은 네가 전학 오기 전이라 주성이가 너를 모를 거야."

하늬가 영실이에게 낮은 목소리로 귀띔해 주었다. 하늬는 주성이와 2년째 같은 반이었다. 그때 마침 보행자 신호등에 불이 켜졌다.

"주성아, 학교에서 봐! 잘 가!"

하늬가 횡단보도를 빠르게 건너며 주성이를 향해 손을 흔들었다.

지하철역은 토끼산 입구에서 그리 멀지 않았다. 아이들이 플랫폼으로 내려왔을 때 지하철 한 대가 막 출발한 뒤였다.

"영실아, 이제 우리가 뭘 해야 해?"

"일단 집으로 가서 비행을 하러 출근하는 아빠를 막아야 해."

"어머! 그럼 다른 사람이 비행기를 몰면 어떡해?"

하늬가 깜짝 놀라며 물었다. 영실이는 생각이 짧았다는 걸 깨달았다.

"그렇지! 아예 비행기가 못 뜨게 막아야겠어."

"그럼 이렇게 하는 게 어때?"

정신없는 영실이를 대신해서 하늬가 작전을 짰다.

"어떻게?"

"나랑 영실이는 영실이네 집으로 가서 영실이네 아빠가 못 나가시게 막아 볼게. 그리고 나서 공항으로 갈 테니까 그때까지 너희 둘은 공항으로 가서 어떻게든 비행기에 문제가 있다는 걸 알려 봐."

경하와 기현이가 하늬 의견에 찬성했다.

"오! 그거 좋은 생각이다."

"맞아. 그렇게 이중으로 방어막을 치면 더 안전하지."

네 아이는 둘씩 따로 움직이기로 했다. 공항으로 가려면 반대 방향으로 가야 해서 경하와 기현이는 반대편으로 건너갔다.

잠시 후 양방향의 지하철이 동시에 들어왔다. 다른 지하철을 탄 영실이랑 하늬, 경하랑 기현이는 서로 손을 흔들며 서서히 멀어졌다.

하늬가 보기에 영실이는 어느 때보다 불안해 보였다. 영실이는 자리에 앉지 못하고 객차 안을 서성거렸다.

"네가 자꾸 그러니까 나도 점점 더 불안해져."

"미안. 근데 지하철이 너무 느리게 가지 않냐?"

"걱정하지 마. 어떻게 해서든 우리가 비행기를 못 뜨게 할 수 있을 거야."

자신감에 찬 하늬 말에 영실이의 입꼬리가 살짝 올라갔다. 영실이 마음속에 희망이 싹트는 것 같았다.

무심히 창밖을 보던 하늬가 문득 물었다.

"그런데 수학 동굴의 시계 말이야. 조금 더 안으로 들어가면 더 과거의 시계가 있었잖아?"

"응."

"그럼 더 과거의 시계를 움직이게 했다면 이렇게 촉박하게 시간에 쫓기지 않아도 되는 것 아닐까?"

"그건 안 돼."

"왜?"

"그 이전 시계는 우리가 태어나기도 전을 가리키고 있었어."

"아, 그랬구나!"

"우리가 태어나기도 전 과거로 돌아가면 어떤 일이 벌어질지 모르잖아. 비행기 사고와는 시간대도 다르고. 나는 아빠를 살릴 수 있다면 무엇이든 할 수 있지만……."

영실이는 조금 주저하다가 말을 이었다.

"왠지 너희가 없는 과거로 가면 안 될 것 같았어. 그것 때문에 혹시라도 너희가 현재 세상에서 없어지면 안 되니까."

"아!"

하늬는 영실이 마음이 어떤 건지 조금은 알 것 같았다.

지하철에서 내리자마자 영실이는 아빠와 살던 집을 향해 전속력으로 뛰었다. 하늬는 낯선 동네에서 길을 잃을까 봐 영실이 뒤를 열심히 쫓았다. 그런 맘을 아는지 영실이가 가끔 뒤를 돌아보며 하늬를 살폈다.

"너희 아빠가 집에 계셔야 할 텐데……."

영실이가 살던 아파트 1층에서 엘리베이터를 기다리며 하늬가 초조한 목소리로 말했다. 엘리베이터는 제일 꼭대기 층에서 꾸물꾸물 내려오고 있었다.

"아휴, 답답해!"

영실이는 아빠를 놓칠까 봐 불안했다.

영실이 아빠는 늦은 비행이 있을 때면 비행 스케줄에 맞춰서 오후에 집을 나섰다. 평소라면 아직 아빠가 집에 있어야 할 시간이었다.

"안 되겠어. 뛰어 올라가자."

"좋아!"

영실이와 하늬는 비상구 계단으로 뛰기 시작했다. 11층까지 단숨에 올라온 두 아이는 금세 쓰러질 듯 1101호 앞에 주저앉았다.

띠띠 띠띠띠띠 띠띠 띠로리.

경쾌한 소리와 함께 문이 열렸다.

"아빠! 아빠!"

영실이가 집으로 들어가며 아빠를 불렀다. 집 안은 시간이 멈춘 세상처럼 무척이나 고요했다.

"아빠! 아빠!"

영실이가 방마다 문을 열어 보고 욕실과 베란다를 바쁘게 오가는 걸 하늬는 가만히 서서 지켜봐야만 했다.

"어떡해. 아빠가 없어."

영실이는 거실 바닥에 주저앉아 흐느껴 울었다.

"영실아, 집 전화는 될 거야. 전화를 해 봐."

영실이가 수화기를 들고 아빠한테 전화를 걸었다. 오랫동안 벨이 울렸지만 아빠는 전화를 받지 않았다.

영실이는 곧바로 엄마에게 전화를 걸었다.

"여보세요?"

엄마가 전화를 받았다.

"엄마, 저 영실이에요. 아빠가 집에 없어요."

"영실아! 너 왜 이 시간에 집에 있어? 오늘 경시대회 있는 날 아니야?"

엄마가 놀란 목소리로 물었다.

"아빠가, 아빠가 비행기를 타면 안 되는데, 아빠가 집에 없어요. 엄마가 아빠를 막아 주세요."

"영실아, 무슨 소리야? 아빠는 조금 전 집에서 나가셨을 텐데?"

영실이는 수화기를 놓고 거실 창가로 달려가 창문을 열었다. 익숙한 번호판의 은색 자동차가 아파트 단지 정문을 빠져나가는 게 보였다.

"아빠! 안 돼요. 아빠, 가지 마요!"

영실이의 울음 섞인 외침이 파란 하늘에 울려 퍼졌다.

공항에 도착한 경하와 기현이는 영실이와 하늬 쪽 일이 궁금했지만, 연락할 방법이 없었다.

"날짜는 과거에 제대로 맞춰졌는데, 왜 통화는 안 되는 거지?"

경하가 먹통이 된 휴대전화를 내려다보며 투덜거렸다.

"기계가 혼란스러워서 그럴지도 몰라."

기현이는 어차피 배터리가 없어 한참 전에 꺼져 버린 휴대전화를 꺼내 보지도 않았다.

"안 되겠다. 시간이 없어. 더 늦기 전에 2차 작전에 돌입하자."

"좋아."

둘은 공항 대기실 의자에서 벌떡 일어나 미리 찍어 둔 공중전화를 향해 걸어갔다.

경하와 기현이는 지하철을 타고 공항으로 오는 동안 계획을 세웠다. 1차에서 3차까지 나름대로 꼼꼼하게 계획을 세우고, 이미 1차 계획을 실행에 옮겼으나 아쉽게도 성공하지 못했다.

1차 계획은 자신들의 이야기를 들어 줄 것으로 보이는 공항 직원들을 붙잡고 진지하게 이야기를 꺼내는 것이었다. 1시간 뒤 제주도로 출발할 HR항공의 비행기 엔진에 심각한 결함이 있으니, 비행기가 그대로 출발하면 큰 사고가 나서 많은 사람이 죽거나 다치게 된다는 게 핵심이었다. 그런데 이야기를 들은 어른들은 그런 말은 함부로 해선 안 된다면서 왜 공항까지 와서 이런 장난을 치느냐고 했다. 그리고 엄마나 아빠의 전화번호를 대라고 했다. 경하와 기현이 말에 진정으로 귀를 기울이는 사람은 아무도 없었다.

"휴, 경하야, 네가 할래?"

기현이가 공중전화 수화기를 들고 물었다.

"난 어른 목소리 흉내를 못 내잖아."

경하 말에 기현이는 깊게 심호흡을 하고는 어딘가로 전화를 걸었다. 전화는 ARS로 연결되었고 숫자 버튼을 몇 번 누르자 수화기 건너편에서 목소리가 들려왔다.

"네, 공항경비대입니다."

"잘 들어라. HR항공 16537편 비행기에 폭발물이 실렸다. 비

행이 시작되면 30분 내로 공중에서 폭발할 것이다."

딸깍.

기현이는 준비된 말을 빠르게 내뱉고 수화기를 내려놓았다.

"됐어?"

"응. 진지하게 듣는 것 같았어."

"그럼 가자! 여기서 최대한 멀리 떨어진 데로 가야 해."

기현이는 공중전화에서 나와 고개를 숙이고 경하와 함께 어딘가로 걷기 시작했다.

  영실이에게서 이상한 전화를 받은 엄마는 불길한 예감을 떨칠 수가 없었다. 그래서 친구들 모임에서 빠져나와 급히 집으로 향했다. 집에는 아무도 없었다. 엄마는 영실이가 학교로 돌아갔으리라 생각하고 학교로 발걸음을 옮겼다.

  그 시각, 과거의 영실이는 교내 수학 경시대회에 나가 시험을 치르고 있었다. 그날은 원래 영실이가 경시대회에 나가는 날이었기 때문이다. 과거의 영실이는 현재의 영실이가 시간여행을 왔을 줄은 꿈에도 생각하지 못하고 시험에 열중하고 있었다.

  영실이는 열 문제 중 아홉 문제는 크게 어렵지 않게 풀어냈다. 하지만 마지막 서술형 문제에서 완전히 길을 잃고 헤매는 중이었다.

> 같은 크기의 수족관에 물을 채우는 데 웅주는 12시간, 민숙이는 6시간, 진용이는 20시간이 각각 걸립니다. 이 수족관에 웅주와 민숙이가 함께 물을 채우고, 이와 동시에 진용이는 물을 퍼낸다면 수족관에 물이 가득 차는 데 걸리는 시간은 얼마일까요? (단, 각자가 물을 채우는 데 걸리는 시간과 물을 퍼내는 데 걸리는 시간은 동일합니다.)

'문장이 너무 복잡해. 천천히 다시 읽어 보자.'

영실이는 아빠의 조언대로 문제를 다시 읽으며 길을 찾아보려고 애썼다.

'웅주, 민숙, 진용이가 물을 채우는 데 각각 12시간, 6시간, 20시간이 걸린다는 말은 1시간에 웅주는 수족관의 $\frac{1}{12}$, 민숙이는 $\frac{1}{6}$, 신용이는 $\frac{1}{20}$씩 채운다는 뜻이야.'

영실이는 시험지 속 아이들 이름 아래에 분수를 적었다. 그러고는 다시 문제를 읽었다.

'아하! 이거다! 각자가 물을 채우는 데 걸리는 시간과 물을 퍼내는 데 걸리는 시간은 동일하다고 했으니까, 진용이는 1시간에 $\frac{1}{20}$씩 물을 퍼낸다는 말이야.'

"자, 시간이 얼마 안 남았다. 이제 슬슬 답안지에 잘 옮겼는지 체크하렴."

선생님의 재촉에 영실이의 심장이 거세게 두근대기 시작했다.

'차분히 생각하자. 자, 1시간 동안 수족관에 채워지는 물의 양을 구해야 해. 일단 1시간에 웅주는 $\frac{1}{12}$, 민숙이는 $\frac{1}{6}$씩 물을 채우고, 진용이는 $\frac{1}{20}$씩 퍼내니까, 분모를 6, 12, 20의 최소공배수인 60으로 맞춰 계산하면, 결국 1시간에 채워지는 물의 양은 $\frac{1}{12}+\frac{1}{6}-\frac{1}{20}=\frac{5}{60}+\frac{10}{60}-\frac{3}{60}=\frac{12}{60}=\frac{1}{5}$이야.'

"자, 1분 남았다."

'그럼 수족관을 다 채우는 데 걸리는 시간은? 1시간에 $\frac{1}{5}$씩 채워지니까……. 그래, 5시간이면 다 채울 수 있겠어.'

영실이가 답안지에 마지막 문제의 답을 적자마자 때마침 종이 울렸다.

'휴, 아슬아슬했네.'

영실이가 가슴을 쓸어내리며 손에 난 땀을 닦고 있는데, 교실 밖에서 영실이를 부르는 소리가 들려왔다

"영실아, 잠깐만 나와 봐."

교실 밖에서 손짓을 하는 사람은 다름 아닌 엄마였다.

집에서 아빠를 놓친 영실이와 하늬는 아파트 밖으로 나와 택시를 타고 공항에 도착했다.

"경하와 기현이랑 만날 장소를 미리 정해 놓았으면 좋았을 텐데."

하늬가 두 아이를 찾느라 주위를 둘러보며 말했다. 영실이는 아빠를 찾아가기 전에 경하와 기현이를 먼저 만나기를 바랐다. 하늬가 불안해하는 영실이에게 오는 동안 계속 희망적인 이야기를 해 주었기 때문일까? 어쩐지 친구들이 이미 좋은 쪽으로 큰일을 벌여 놓았을 것만 같은 예감이 들었다.

영실이와 하늬가 경하와 기현이를 찾는 동안 두 아이를 찾는 사람들이 또 있었다. 바로 공항경비대 직원들이다. 경비대는 기현이와 통화한 후 아이의 장난 전화라는 걸 확신했지만, 그렇다고 대수롭지 않게 넘길 일은 아니었다. 곧바로 경비대 전체에 비상이 걸렸고, 발신 번호의 공중전화를 CCTV로 확인했다. 그렇게 CCTV로 장난 전화의 주인공을 확인하기까지는 10분도 채 걸리지 않았다. 아무리 잽싸게 움직인다고 해도 두 아이는 공항경비대의 손바닥 안이었다.

"어! 저기 경하랑 기현이 아니야?"

둘을 먼저 발견한 것은 하늬였다.

"경하야! 기현아!"

경하와 기현이는 영실이와 하늬를 발견하자 단숨에 달려왔다.

"어떻게 됐어?"

영실이와 기현이가 동시에 서로에게 물었다.

"간발의 차로 아빠를 놓쳤어. 너희는?"

"아, 우리는 지금 2차 작전을 진행 중이야."

"2차 작전?"

영실이는 마음이 급해졌다. 경하와 기현이도 별 성과를 얻지 못한 것처럼 보였기 때문이다.

"응. 우리가 공항경비대에 전화를 걸었거든."

"맞아. 너희 아빠가 운항하실 비행기에 폭발물이 설치되어 있다고 알렸어."

"뭐?"

기대했던 것처럼 좋은 방향은 아니었지만, 이 친구들이 큰일을 벌인 것만은 분명했다. 영실이는 공항에 폭발물로 협박 전화를 하는 게 얼마나 위험한 일인지 잘 알고 있었기 때문에 크게 놀랐다.

그때였다.

"이 녀석들!"

등 뒤에서 크고 묵직한 남자 목소리가 들려왔다.

"도망쳐!"

경하와 기현이가 순식간에 공항 건물 밖으로 튀어 나갔다. 영실이도 친구들의 외침에 반사적으로 움직였다. 하지만 영실이는 공항 밖으로 나가지 않고, 기둥과 입간판 등을 이용해 몸을 숨기며 조심조심 걸음을 뗐다. 어떻게 해서든 아빠를 찾아야만 했다.

영실이는 2층에서 1층으로 내려가는 에스컬레이터를 탔다. 왠지 아빠가 1층에 있을 것만 같았다.

'아빠가 어디 있을까? 아빠에게 다가가면 나를 알아볼까? 비행기가 고장날 거라고 말하면 내 말을 믿을까? 경시대회 빼먹고 왜 여기 왔냐고 하실지도 몰라.'

별의별 생각으로 영실이의 머릿속이 복잡해졌다.

바로 그때, 2층으로 올라가는 에스컬레이터를 타고 자신을 스쳐 지나가는 아빠를 발견했다.

"아! 아빠다!"

아빠는 시계를 보며 어딘가에 전화를 걸고 있었다.

"제가 집에 일이 있어서 조금 늦었어요. 대기실에 못 들르고 바로 비행기로 가야 할 것 같습니다. 죄송합니다."

"아빠! 아빠!"

영실이가 아빠를 발견하고 큰 소리로 불렀지만 아빠는 전화 통화를 하느라고 영실이를 보지 못했다.

에스컬레이터가 엇갈리면서 점점 멀어지는 아빠를 바라보다가 영실이는 거꾸로 뛰어 올라가기 시작했다.

"아빠! 멈춰요!"

하지만 열심히 뛰어도 겨우 제자리였고 아빠는 점점 더 멀어지기만 했다. 설상가상으로, 내려가는 에스컬레이터에서 올라가려고 기를 쓰는 아이를 보고 경비대원들이 출동했다. 결국 영실이는 경비대원들에게 붙잡히고 말았다.

"이 녀석! 이게 얼마나 위험한 일인지 몰라? 너 때문에 사람들이 다칠 수도 있어."

"안 되겠네. 경비대로 데리고 가야겠어."

한편, 하늬는 친구들이 도망치는 걸 보면서도 웬일인지 몸이 움직여지지 않았다. 하늬는 그렇게 순순히 경비대원들에게 잡혀서 영실이가 오기를 기다려야만 했다.

마음속으로는 영실이가 아빠를 꼭 찾기를 바랐지만 그런 간절한 소망은 이루어지지 않았다.

 영실이까지 붙잡은 후 경비대원들이 두 아이를 데려간 곳은 외부인들이 출입할 수 없는 곳이었다. 경비대원은 목에 건 아이디카드로 3개의 문을 열고 긴 복도를 통과해 영실이와 하늬를 작은 사무실로 데리고 갔다.

 사무실 창밖으로는 활주로가 한눈에 들어왔다. 그리고 멀리 아빠가 운항하실 비행기가 영실이 눈에 들어왔다. 비행기에는 수하물이 실리고 있었다. 이제 곧 출발할 모양이었다.

 "이 녀석들, 장난 전화를 걸려고 공항에 온 거니?"

 "아니에요. 비행기 사고를 막으려고 온 거예요."

 "뭐? 비행기 사고?"

 영실이는 시간이 얼마 남지 않았다는 걸 알고 있었다. 그래서 마지막 기회라고 생각하고 온 힘을 다해 설명하기 시작했다. 하늬도 옆에서 열심히 도왔다. 답답한 마음에 영실이는 아빠를 구하기 위해 1년 6개월 뒤 미래에서 왔다는 이야기를 하고 말았다. 그러자 경비대원이 크게 웃으며 의자에서 일어났다.

 "어휴, 이 녀석들! 진짜 혼 좀 나 봐야겠구나."

 경비대원은 이렇게 말하더니 자리로 가서 전화를 걸었다. 영실이가 자신의 아빠가 기장이며 몇 분 뒤 곧 비행을 시작한다고 한 말이 사실인지 확인하는 것 같았다.

"하늬야, 저 비행기가 우리 아빠가 몰 비행기야."

영실이 눈에는 눈물이 그렁그렁 맺혀 있었다.

그때였다. 경비대원이 다가오더니 영실이에게 종이를 한 장 건네며 말했다.

"여기에다 아빠 전화번호 좀 적어 볼래?"

영실이가 전화번호를 적어 주자 경비대원은 고개를 한번 갸웃하고는 다시 말했다.

"너, 지금 아빠랑 통화 좀 할 수 있니?"

"네! 부탁드려요."

영실이가 두 손으로 눈물을 닦으며 말했다.

"거 참, 이상한 일이네."

경비대원이 수화기를 들고 전화를 걸더니 영실이에게 건넸다.

'아빠 제발요. 아빠, 제발 전화를 받아요.'

신호음이 한참이나 울렸지만 아빠 목소리는 들려오지 않았다. 영실이는 비행을 앞둔 아빠가 휴대전화를 꺼 놓은 거라고 생각했다.

그런데 그때였다.

"여보세요?"

"아빠! 저 영실이에요."

"영실이? 너 어디니? 이건 공항 번호인데?"

"아빠, 그 비행기 몰면 안 돼요. 엔진에 심각한 결함이 있대요."

"뭐? 영실아, 네가 그걸 어떻게 아니? 그런 말은 하는 게 아니지!"

"아빠! 진짜예요. 제발 제 말을 믿어 주세요."

"이 녀석! 일단 아빠 비행 마치고 다시 통화하자."

아빠가 전화를 끊자 영실이는 책상에 고개를 파묻고 소리 내어 울기 시작했다.

치이이, 치이익.

"나머지 꼬맹이 둘 사무실로 데리고 갑니다."

치이이, 치이익.

"알겠습니다."

경비대원의 무전기로 경하와 기현이가 잡혔다는 소식이 들려왔다. 하늬 눈에서도 지금까지 꾹꾹 참아 왔던 눈물이 흐르기 시작했다. 하늬는 영실이 아빠가 모는 비행기가 활주로로 향하는 것을 보았다.

치이익, 치이익.

"급한 호출이 왔는데, 이 아이들을 데리러 경비대 입구까지만 나와 주실 수 있나요?"

"네, 지금 나갑니다."

치이이, 치이이익.

경비대원이 무전기를 들고 사무실 밖으로 나갔다.

"영실아, 어떡해! 비행기가 곧 출발할 건가 봐."

하늬가 왈칵 울음을 쏟아 냈다.

영실이는 창밖으로 아빠가 탄 비행기를 쳐다보고는 갑자기 사무실 밖으로 달려 나갔다.

"영실아, 어디 가?"

영실이는 활주로로 통하는 문을 찾을 셈이었다. 하지만 모든 문이 닫혀 있었고 아이디카드를 대야만 열리게 돼 있었다.

'안 돼. 어떻게든 막아야 해.'

영실이는 복도를 뛰고 계단을 오르내리며 실낱같은 희망을 버리지 않았다. 그때 신호 깃발을 든 직원이 문 쪽으로 다가오는 게 보였다. 영실이는 계단 쪽으로 얼른 몸을 숨겼다. 그러고는 직원이 문을 열고 나가자 그 문틈으로 잽싸게 빠져나왔다. 드디어 영실이 앞에 드넓은 활주로가 펼쳐졌다.

"어! 어어!"

당황한 직원이 손짓을 하며 멈칫했다.

영실이는 서서히 움직이는 아빠의 비행기를 향해 전속력으로 뛰었다. 아무리 빠른 어른도 따라잡지 못할 만큼 엄청난 속도였다.

영실이의 등장으로 공항에 비상이 걸렸고, 아빠의 비행기에는 잠시 멈추라는 지시가 내려졌다.

"아빠! 가면 안 돼요! 제발 제 말 좀 들어 주세요!"

비행기는 이내 활주로 끝에 멈춰 섰고, 기장석에 앉은 아빠의 눈에 놀라운 광경이 들어왔다. 영실이가 양팔을 있는 대로 흔들며 자신을 향해 뛰어오고 있었다.

"아! 아니, 영실이가 여기에?"

아빠는 너무나 놀라 자리에서 벌떡 일어났다.

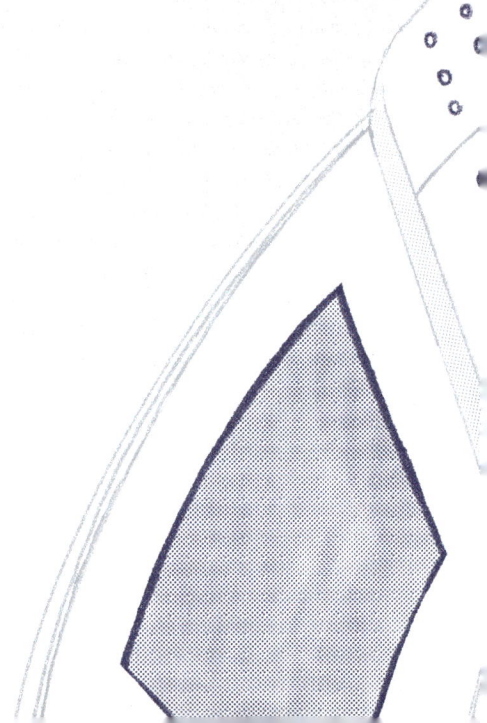

 콕콕 짚고 가요!

이야기 속에 숨어 있는 수학 개념

작업 속도가 다른 여러 사람이 함께 한 가지 일을 할 때, 걸리는 시간은 어떻게 구할 수 있을까요? 전체 일의 양을 1이라고 놓고, 기준이 되는 시간(단위 시간)당 하는 일의 양을 분수로 나타내면 쉽게 답을 구할 수 있어요.

(연습문제 1) 여러 사람이 함께하는 일 문제

어떤 일을 끝내는 데 은재가 혼자서 하면 8일이 걸리고, 은재와 대환이가 함께하면 6일이 걸립니다. 대환이가 혼자서 하면 며칠이 걸릴까요?

> **문제 해결 팁:** 하루에 할 수 있는 일의 양을 구합니다.

(풀이)

전체 일의 양을 1이라고 할 때, 하루에 할 수 있는 일의 양을 분수 꼴로 표현합니다. 은재는 일을 끝내는 데 8일이 걸리므로 하루에 $\frac{1}{8}$ 만큼 할 수 있고, 은재와 대환이가 함께하면 6일이 걸리므로 하루에 $\frac{1}{6}$ 만큼 할 수 있습니다. 따라서 대환이가 혼자 할 때 걸리는 시간을 구하려면 '함께 할 때 걸리는 시간－은재 혼자 일할 때 걸리는 시간'을 구하면 됩니다.

분수식에서 분모가 다를 때는 최소공배수를 활용해 분모를 같게 만들어 주면(통분) 쉽게 계산할 수 있습니다.

6과 8의 최소공배수를 구해 볼까요?

2 | 6 8
　　 3 4

2×3×4=24라는 것을 구할 수 있습니다.

두 분수의 분모를 24로 통일해 식을 계산하면 $\frac{1}{24}$의 값이 나오므로, 대환이가 혼자서 일을 끝내는 데 24일이 걸린다는 것을 알 수 있어요. 즉, 대환이가 하루에 할 수 있는 일의 양은 $\frac{1}{6} - \frac{1}{8} = \frac{1}{24}$이고, 대환이는 이 일을 혼자서 끝내는 데 24일이 걸립니다.

- 은재가 하루에 할 수 있는 일의 양 = $\frac{1}{8}$
- 은재와 대환이가 하루에 할 수 있는 일의 양 = $\frac{1}{6}$
- 대환이가 하루에 할 수 있는 일의 양 = $\frac{1}{6} - \frac{1}{8} = \frac{4}{24} - \frac{3}{24} = \frac{1}{24}$

(연습문제 2) 기계가 하는 일의 양 문제

어떤 물건을 ㉮기계가 3시간 동안 $\frac{1}{5}$을 만들고, 나머지를 ㉯기계가 6시간 동안 만들어 완성했습니다. ㉮기계와 ㉯기계를 동시에 가동했다면 몇 시간이 걸렸을까요?

문제 해결 팁: 각 기계가 1시간 동안 만들 수 있는 양을 구해 더합니다.

(풀이)

각각의 기계로 1시간 동안 만들 수 있는 일의 양을 분수로 표현합니다. ㉮기계는 3시간 동안 $\frac{1}{5}$을 만드니까 1시간 동안에는 $\frac{1}{15}$만큼 만듭니다. ㉯기계는 6시간 동안 $\frac{4}{5}$를 만드니까 1시간 동안에는 $\frac{4}{30}$ 만큼 만들 수 있지요. 두 기계를 동시에 가동하면 1시간 동안 만들 수 있는 양은 $\frac{1}{15}+\frac{4}{30}=\frac{1}{5}$입니다. 즉, 5시간이 걸린다는 것을 알 수 있죠.

- ㉮기계가 1시간에 할 수 있는 일의 양 = $\frac{1}{5} \div 3 = \frac{1}{15}$
- ㉯기계가 1시간에 할 수 있는 일의 양 = $\frac{4}{5} \div 6 = \frac{4}{30} = \frac{2}{15}$
- ㉮기계와 ㉯기계가 1시간에 할 수 있는 일의 양 = $\frac{1}{15}+\frac{2}{15}=\frac{3}{15}=\frac{1}{5}$

5장

무너진 수학 동굴

또 다른 영실이와의 만남

영실이의 행동으로 공항이 발칵 뒤집혔다. 아이들의 장난 전화는 절대 가볍게 다룰 사안이 아니었다. 하지만 큰 문제로 번지지 않고 조용히 수습될 수도 있었다. 그런데 영실이의 행동으로 일이 커지는 바람에 비행기의 출발 시각은 한참 뒤로 밀려나 버렸다.

일단 영실이 아빠의 비행기는 지연 출발로 바뀌었고, 그사이 항공 정비팀이 비행기에 결함이 있는지 다시 점검하기로 했다.

영실이와 아이들은 너무 기뻤지만 당장은 승리의 기쁨을 만끽할 수 없었다. 가장 큰 문제는 아빠가 무척이나 화가 났다는 점이었다.

아빠는 공항과 항공사 관계자들에게 이리저리 불려 다니고 계속해서 울려대는 전화를 받느라 정신이 없었다. 아빠는 영실이와 한 공간에 있을 때도 영실이에게 다정한 말 한마디는커녕 눈길조차 주지 않았다. 영실이는 그럼에도 아빠가 살아서 곁에 계신다는 사실이 너무나 기뻤다.

"아빠, 비행기 점검 결과는 언제 나와요?"

"신경 쓰지 말고, 조용히 앉아 있어!"

아빠는 쌀쌀맞다고 할 정도로 엄하게 대답했다. 그래도 영실이는 아빠의 마음을 충분히 이해할 수 있었다.

공항경비대와 공항경찰이 아이들에 대한 조사를 마칠 무렵, 드디어 아이들이 손꼽아 기다리던 소식이 날아들었다.

"기장님! 충격적인 소식인데요?"

"뭡니까?"

"잠깐 저와 나가시죠."

통화를 마친 경비대원이 아빠를 앞세우고 사무실 밖으로 나갔다. 아이들이 어른들의 표정을 살피고 있다는 걸 의식한 것 같았다.

"비행기 엔진에서 결함이 발견되었다고 합니다."

"네?"

"그대로 출발했다가는 심각한 사고로 이어질 수 있었다고 하네요."

"아……!"

아빠의 입에서 긴 탄식이 흘러나왔다.

그날 아빠의 비행은 취소되었고, 제주도행 스케줄은 다른 비행기와 다른 기장으로 대체되었다. 아빠는 그날 하루 눈앞에서 벌어진 일들이 도저히 이해가 되지 않았다.

아빠는 아이들을 햄버거 가게로 데려갔다. 아침부터 아무것도 먹지 못한 탓에 햄버거 하나로는 간에 기별도 가지 않는 아이들 덕분에 아빠는 주문대를 오가며 몇 번이나 음식을 실어 날라야 했다.

"자, 우리의 승리를 자축하자!"

"그래, 건배!"

영실이와 경하, 기현이 그리고 하늬는 콜라 잔을 부딪치며 축하를 했다.

그때까지도 아빠는 영실이와 친구들이 미래에서 온 거라고는 상상도 하지 못했다. 정신이 하나도 없어서인지 아빠는 달라진 영실이를 알아채지 못했다. 며칠 새 훌쩍 커 버린 건지, 영실이가 그저 조금 낯설게 느껴질 뿐이었다.

영실이도 굳이 아빠를 더 혼란스럽게 만들고 싶은 생각이 없었다. 그냥 아빠가 곁에 있다는 것만으로도 하늘을 날아오를 것처럼 마냥 행복했다.

그런데 곧 누구도 예상치 못한 일이 일어났다.

"영실아, 엄마한테 전화 왔다."

아빠가 친구들과 떠드느라 정신없는 영실이에게 휴대전화를 보여 주더니 전화를 받았다.

"여보? 오늘 비행은 취소됐고 일단 영실이를 집에 데려다 주고 어떻게 된 일인지 더 알아봐야 할 것 같아."

영실이는 아빠와 집으로 돌아갈 수 있다는 게 꿈만 같았다.

"뭐? 영실이랑 지금 공항에 왔다고? 무슨 소리야? 영실이는 나랑 같이 있는데."

어수선한 분위기 속에서도 아빠의 대화 소리는 영실이와 친구들 귀로 똑똑히 날아들었다. 그러니까 그건 또 한 명의 영실이가 공항 어딘가에 있다는 말이었나.

"안 돼!"

영실이가 넋이 나간 표정으로 자리에서 벌떡 일어났다.

"응. 그래, 거기 햄버거 가게로 와!"

"후유, 대체 무슨 엉뚱한 소리를 하는 거야?"

아빠는 엄마와의 통화를 마치고 한숨을 크게 내쉬었다. 그러고는 엄마를 데리고 오겠다며 가게 밖으로 나갔다.

"어쩌지? 또 다른 내가 있으리란 건 상상도 못 했어."

"망했다. 그럼 과거로 오면서 우리 다 도플갱어가 된 거야?"

"도플갱어?"

경하의 질문을 받아 기현이가 다시 물었다.

"그래 도플갱어. 도플갱어는 서로 만나면 절대 안 돼. 둘 중 한 사람은 죽는댔어."

하늬가 급하게 영실이 손을 잡아끌며 밖으로 나가려고 했다. 그런데 그때 엄마와 과거의 영실이가 가게로 들어왔다. 그리고 영실이가 과거의 영실이와 마주치는 순간, 시간이 다시 멈추었다.

"어떻게 된 거지?"

"시간이 또 멈췄어."

경하가 주위를 둘러보며 말했다.

"왜? 우리가 다 함께 있잖아. 누가 시간을 멈춘 거야?"

"알 수 없어. 너희 다 열쇠를 가지고 있지?"

영실이가 물었다.

"난 없어. 그런데 이상하게 나도 멈추지 않았어."

하늬가 양팔을 허공에 흔들며 말했다.

"도대체 뭐가 잘못된 걸까?"

영실이가 과거의 자신에게로 천천히 걸어가며 혼잣

말하듯 물었다.

"혹시 영실이가 과거의 영실이와 같은 공간에 있게 돼서 그런 걸지도 몰라."

하늬가 말했다.

영실이는 눈물을 훔치더니 밖으로 뛰어갔다. 그리고는 많은 사람 속에서 아빠를 찾았다. 아빠는 가게로 돌아오는 길이었던 듯 멀지 않은 곳에 계셨다. 영실이는 아빠를 와락 껴안았다. 우뚝 멈춰 선 아빠는 무척 따뜻했다.

"아빠! 사랑해요. 어디 가지 말고 저랑 오래오래 같이 산다고 약속해 줘요."

영실이는 한참 동안이나 아빠를 안고 엉엉 울었다. 경하는 영실이와 함께 화재 현장에서 아빠를 구하던 때가 생각나서 덩달아 눈물이 쏟아졌다. 기현이와 하늬는 영실이와 경하가 울음을 멈추고 진정할 때까지 말없이 기다려 주었다.

"이제 가자!"

"어디로?"

하늬가 영실이에게 물었다.

"시간을 다시 흐르게 해야지. 동굴에 가면 방법이 있을 거야."

영실이는 마지막으로 아빠를 한 번 안은 뒤 뒤돌아서서 걸었다. 아이들도 영실이를 따라 공항 건물 밖으로 나왔다.

공항에서 토끼산 동굴까지는 가까운 거리가 아니었다. 그래도 세상이 멈춰 버렸으니 아이들이 타고 갈 교통수단은 자전거밖에 없었다. 네 아이는 자신들이 탈 만한 자전거를 찾아서 타고 토끼산으로 향했다.

아이들이 토끼산을 향해 출발한 건 해가 서쪽으로 기울기 시작할 때였다. 그 시간에 공항에서 자전거를 타고 토끼산까지 간다면 얼마 가지도 못해 캄캄해질 게 분명했다. 시간이 멈춰서 좋은 것 중 하나는 해가 질까 봐 걱정하지 않아도 된다는 점이었다. 아이들은 자전거를 타고 한참을 달려서 토끼산에 무사히 도착했다.

동굴 안은 변함이 없었다. 누군가가 왔다 간 흔적도 없었고 과거의 시계는 공항에서 멈춘 시각에 맞게 멈춰 있었다.

"영실아, 재생 버튼을 눌러서 시계를 다시 움직이게 해 보자."

"잠깐!"

영실이가 시계 앞으로 다가가는 기현이의 팔을 잡았다.

"왜?"

"이 시간이 다시 흐르면 너희도 나처럼 또 다른 자신을 만나야 할지 몰라."

"아! 그렇구나! 이 시계는 과거의 시간을 흐르게 하는 것이니까."

"맞아. 나 조금 무서워."

하늬가 처음으로 약한 모습을 보였다.

"동굴 입구 쪽 시계를 다시 움직이게 해 보자."

영실이가 이렇게 말하더니 동굴 입구 쪽 시계 앞으로 가서 섰다.

"이 시계도 멈춰 있어. 우리가 시계를 다시 움직이게 하자."

"어떻게 하면 돼? 우리 열쇠로는 열리지 않았잖아."

기현이가 영실이 옆으로 다가갔다.

"기현아, 이것 봐. 아까 저 과거의 시계처럼 여기에도 문제가 적힌 패드가 붙어 있어."

"진짜네."

"뭐야? 또 문제가 있어?"

기현이도 다가왔다.

"응."

가까이서 보니 시계 앞면에 문제가 적힌 패드가 붙어 있었다.

그림과 같이 성냥개비 12개로 직각삼각형을 만들었습니다. 성냥개비 4개를 옮겨서 넓이가 절반인 도형을 만드시오.

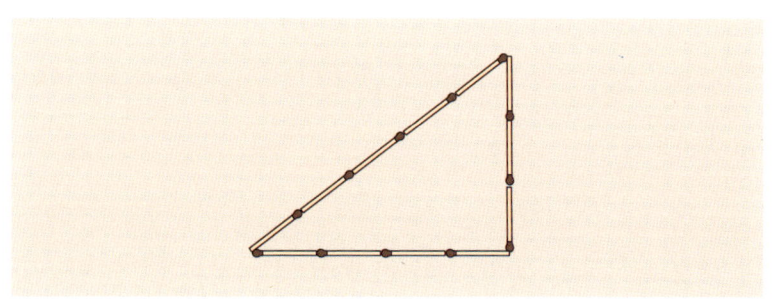

"도형 문제야."

"음, 성냥개비를 이동시키는 문제이기도 하고."

하늬가 말했다.

"직각삼각형 넓이를 어떻게 구하지?"

"밑변과 높이를 곱한 후, 2로 나누면 돼."

기현이의 질문에 영실이가 대답했다.

"그럼 성냥개비 하나의 길이를 1이라고 생각하면, 밑변의 길이가 4, 높이가 3이니까 '$4 \times 3 \div 2 = 6$', 넓이가 6이야."

하늬가 넓이를 뚝딱 계산해 보였다.

"넓이를 절반으로 만들라고 했으니, 넓이가 3인 도형을 만들면 돼."

하늬 말에 아이들이 직각삼각형을 뚫어지라 쳐다보았다. 하지만 누구도 쉽게 답을 찾아내지 못했다. 잠시 침묵이 이어진 뒤 드디어 영실이가 입을 열었다.

"그래! 넓이가 3인 도형을 새로 만든다고 생각하면 어려워.

그러니까 기존 직각삼각형에서 넓이가 3인 도형을 빼내는 방법을 찾아보자!"

"그게 무슨 말이야?"

"예를 들어 성냥개비 1개가 한 면이 되는 정사각형을 만들면 넓이가 1이잖아."

경하의 질문에 영실이는 바닥에 나뭇가지를 이용해서 정사각형을 그려 보이며 설명해 주었다.

"이런 정사각형이 3개면 넓이가 3인 도형이 되잖아. 그러니까 성냥개비 4개를 옮겨서 이런 정사각형 3개를 없애는 거야."

"오! 완전 좋은 방법이야! 나도 해 볼게."

하늬도 나뭇가지를 들고 도형을 그리기 시작했다.

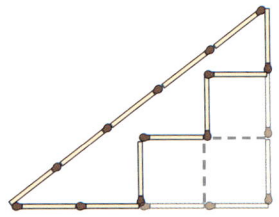

아이들이 생각을 모으니 정답이 금방 모양을 드러냈다.

"됐다! 이렇게 하면 돼!"

"야호! 우리가 해냈어!"

영실이는 아이들의 응원을 받으며 문제 패드에서 성냥개비를 옮겨 정답을 표시했다.

딸깍.

드디어 시계를 보호하는 덮개가 열렸다.

"영실아, 이 시계를 움직이게 하면 너희 아빠를 다시 만날 수 있을까?"

"그건 모르겠어."

"그럼 어떡해?"

하늬가 울먹이며 말했다.

"그래도 어쩔 수 없지. 우리가 둘씩인 세상에서 살아갈 수는 없잖아."

영실이도 눈물을 참을 수가 없었다. 하지만 옷소매로 흐르는 눈물을 닦아낸 뒤 천천히 시계 아래 재생 버튼을 눌렀다.

똑딱똑딱.

시계가 소리를 내며 다시 움직이기 시작했다.

그런데 그때였다.

후두둑, 후두두둑.

동굴 바닥에서 미세한 진동이 느껴지더니 천장에서 돌가루가 떨어지기 시작했다.

"아아악! 왜 이러지?"

"얼른 나가자!"

아이들이 동굴 입구를 향해 뛰어가는 사이 땅이 흔들리고 동굴 천장과 벽에서 돌들이 떨어졌다.

"어떡해! 동굴이 무너지나 봐!"

"빨리! 빨리 나가자!"

영실이와 아이들은 빛을 향해 온 힘을 다해 뛰었다. 네 아이가 환한 빛 속으로 무사히 탈출한 순간, 수학 동굴이 와르르 무너져 내렸다. 그와 동시에 아이들은 모두 정신을 잃고 쓰러지고 말았다.

○ 콕콕 짚고 가요! ○

이야기 속에 숨어 있는 수학 개념

영실이와 친구들의 노력 덕분에 영실이 아빠의 과거가 바뀌었어요! 과거로의 시간여행을 마치고 현실로 돌아가기 위해 성냥개비를 옮겨 문제를 멋지게 풀어내기도 했지요. 삼각형 넓이의 특징을 이용해 다음 문제를 한번 풀어 볼까요?

(연습문제)

직사각형 ㄱㄴㄷㄹ의 넓이를 선분 ㅁㅂ과 선분 ㅂㅅ이 이등분하고 있습니다. 점 ㅁ을 지나는 직선으로 직사각형 ㄱㄴㄷㄹ을 이등분하는 방법을 생각해 보세요.

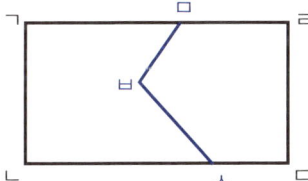

(풀이)

1) 두 직선이 평행할 때, 밑변이 동일한 삼각형은 높이가 같으므로 넓이가 같습니다.

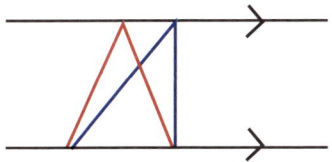

2) 점 ㅁ과 점 ㅅ을 연결하고, 점 ㅂ을 지나면서 선분 ㅁㅅ과 평행한 직선을 긋습니다.

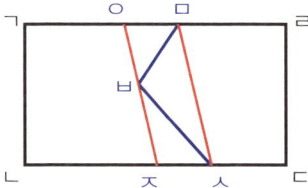

3) 삼각형 ㅁㅂㅅ과 삼각형 ㅁㅈㅅ은 밑변이 같고 높이가 같으므로 넓이가 같습니다. 따라서 선분 ㅁㅈ은 직사각형 ㄱㄴㄷㄹ을 이등분합니다.

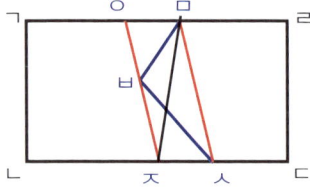

"영실아, 어서 일어나. 학교 가야지."

영실이는 평소와 다름없는 엄마 목소리에 잠에서 깨어났다. 그러고는 조심스레 눈을 뜨고 잠시 생각에 잠겼다.

'아, 꿈이었구나!'

아빠를 안았던 느낌이 아직도 생생한데 그게 꿈이라고 생각하니 너무나 슬퍼졌다.

수학 동굴에서 탈출하면서 영실이는 비행기 사고를 막아 아빠를 구했으니 이제 어느 때로 돌아가든 아빠가 살아 있을 거라고 생각했다. 그런데 그 모든 게 꿈이었나 보다.

"엉엉 엉엉엉."

영실이는 침대에 누운 채 아주 서럽게 울었다. 그러자 엄마가 놀라서 달려와 물었다.

"영실아! 영실아, 왜 울어?"

"엄마, 너무 슬픈 꿈을 꿨어요."

"아이고, 우리 아들 아직 아기구나!"

엄마는 침대로 다가와 영실이를 꼭 안아 주었다.

"괜찮아, 괜찮아. 다 괜찮아."

아빠가 돌아가신 뒤 엄마가 영실이 등을 토닥이며 자주 해 주던 말이었다. 영실이는 그 말을 들으니 갑자기 더 큰 슬픔이 밀려왔다. 하지만 울음을 꾹 삼켰다. 자기가 울면 엄마도 덩달아 슬퍼지리라는 걸 잘 알고 있었기 때문이다.

"학교 늦겠다. 어서 씻고 밥 먹자."

엄마가 영실이 뺨에 입을 맞추고 나갔다.

영실이는 물에 젖은 솜처럼 무거운 몸을 일으켜 침대 밖으로 겨우겨우 나왔다. 그러고는 욕실로 들어가 샤워를 했다. 눈물범벅이 된 얼굴에 물줄기가 닿으니 기분이 조금 나아졌다.

"영실아, 엄마 오늘 일찍 나가는 거 알고 있지? 엄마 먼저 갈 테니, 학교 잘 다녀와서 저녁때 보자!"

욕실 밖에서 엄마의 외침이 들려왔다.

"네, 다녀오세요."

영실이도 큰 소리로 대답했다.

몸을 깨끗이 씻고 나니 슬픔도 함께 씻겨 나간 것 같았다. 그런데 영실이가 거울 앞에 서서 수건으로 머리카락의 물기를 닦아낼 때였다. 욕실 벽 칫솔꽂이에 매달려 있는 3개의 칫솔이 눈에 들어왔다.

"앗!"

영실이는 너무 놀라서 수건으로 입을 막았다.

영실이가 놀란 건 칫솔 때문이 아니었다. 지금 서 있는 곳이 엄마와 둘이 사는 집이 아니라 아빠와 함께 살던 집 욕실이라는 점 때문이었다.

그때였다.

"영실아, 너 그렇게 꾸물거리다간 지각한다."

"아빠?"

화장실 거울에 비친 얼굴과 목소리는 분명 아빠였다. 영실이는 너무 놀라서 욕실 밖으로 튀어 나갔다.

"아빠!"

"그래, 얼른 와서 아침 먹자!"

"아빠가 왜 여기 있어요?"

영실이가 아빠를 쫓아 주방으로 들어가며 물었다.

"오늘 아빠 쉬는 날이라고 했잖아. 이 녀석 새삼스럽게! 쉬는 날 아빠가 너 아침밥 챙겨 주는 게 처음도 아닌데, 왜 그렇게 호

들갑이야?"

"아빠! 정말 우리 아빠 맞죠?"

영실이는 국을 퍼 담는 아빠를 등 뒤에서 꼭 안았다.

"어어, 국 뜨거워! 위험해!"

영실이가 경하, 기현이, 하늬와 함께한 시간여행은 꿈이 아니었다. 아이들이 시간을 돌려 아빠를 구한 것이다. 영실이는 너무 행복했지만, 과거가 바뀐 탓에 현재도 많은 것이 변했다. 이사도 전학도 하지 않았고, 수학의 발견 동아리 친구들과의 인연도, 토끼산 체험 학습도 오직 영실이만 기억하고 있었다.

그날 오후, 학교가 끝난 뒤 영실이는 아빠한테 전화를 걸어 친구들과 놀아도 좋다는 허락을 받고 서둘러 어딘가로 향했다.

아침에 집을 나설 때만 해도 영실이는 학교를 마치자마자 집으로 가서 아빠 옆에 꼭 붙어 있을 생각이었다. 하지만 그보다 더 중요한 일, 그러니까 시간여행 친구들과 했던 약속이 떠올랐다.

"얘들아. 우리가 언제로 어떻게 돌아갈지 모르지만, 바로 그날 학교를 마치면 수학 동굴 앞에서 다시 만나기로 하자. 어때?"

"좋아!"

동굴 입구 쪽 시계를 다시 움직이게 할 때 하늬가 이렇게 제안하자 세 아이가 고개를 끄덕이며 동의했었다. 영실이는 친구들과 한 약속이 너무 늦지 않게 떠오른 게 얼마나 다행인지 모른다며 가슴을 쓸어내렸다.

혼자 토끼산을 찾아가는 건 어렵지 않았다. 시간여행을 하며 수없이 오간 길이라 눈을 감고도 찾아갈 수 있을 것 같았다.

토끼산에 도착해 수학 동굴로 향하는 영실이의 심장이 심하게 두근거리기 시작했다.

'친구들이 안 오면 어떡하지?'

영실이는 경하와 기현이, 하늬가 마지막에 한 약속을 기억하지 못할까 봐 두려웠다. 어쩌면 친구들에게 자신에 대한 기억이 모두 삭제된 건 아닌지 걱정이 되었다. 아빠를 다시 만난 것과는 비교할 수 없지만 영실이는 시간여행 친구들을 꼭 다시 만나고 싶었다.

"헉헉, 헉헉헉."

드디어 동굴이 눈에 들어왔다. 영실이는 그제야 숨을 고르고 주위를 빠르게 둘러보며 친구들을 찾았다.

'없다. 경하도, 기현이도, 하늬도 없어.'

영실이는 온몸에서 힘이 다 빠져나가는 기분이었다.

영실이는 친구들을 찾아 수학 동굴 안으로 들어갔다. 그때 동굴이 분명히 무너져 내렸는데, 어찌 된 일인지 말짱하게 그대로

였다. 아니, 동굴은 그때와는 크게 달랐다. 동굴 벽에는 시계가 없었고 조명이 환히 밝혀져 유치원 꼬맹이들이 숨바꼭질을 하며 놀고 있었다. 친구들이 없다는 걸 확인한 후 영실이는 동굴 밖으로 나왔다.

영실이는 친구들이 약속을 기억했다면 거리상 토끼산이 훨씬 더 가까운 세 친구가 먼저 와 있으리라고 생각했다. 하지만 아무도 와 있지 않았다.

슬픔에 찬 영실이는 고개를 푹 숙인 채 발걸음을 돌렸다. 조금 전까지만 해도 거침없이 내달렸던 영실이의 두 다리가 터덜터덜 힘없이 움직였다.

그런데 그때였다.

"임영실!"

"야! 너 어디 가냐?"

등 뒤에서 경하와 기현이 목소리가 들려왔다. 고개를 돌려 보니 경하와 기현이, 하늬가 영실이를 향해 팔을 흔들고 있었다.

"경하야! 기현아! 하늬야!"

영실이는 친구들을 향해 다시 수학 동굴 앞으로 힘차게 뛰어갔다. 네 아이는 누가 먼저랄 것도 없이 둥글게 어깨동무를 하고 펄쩍펄쩍 뛰었다.

"얘들아, 나 알지? 응?"

"하하, 임영실! 당연한 거 아니야?"

영실이 말에 경하가 웃으며 대답했다.

"영실아, 너희 아빠는 어떻게 됐어?"

이번에는 하늬가 물었다.

"당연히 집에 계시지. 오늘 비행이 없는 날이라 내가 돌아갈 시간에 맞춰서 저녁 준비를 하고 계실걸?"

"야호! 우리는 시간여행의 승리자들이다!"

경하의 생뚱맞은 외침에 주변 사람들이 흘깃거리며 쳐다보았다. 시간여행의 승리자들은 한동안 어깨동무를 풀지 않고 서서 아주 특별한 우정을 조용히 확인했다.

어린이를 위한 수학적 사고력 동화2
수상한 수학 동굴 아이들

제1판 1쇄 발행 | 2023년 12월 22일
제1판 2쇄 발행 | 2025년 4월 30일

지은이 | 류승재
그린이 | 정은선
펴낸이 | 하영춘
펴낸곳 | 한국경제신문 한경BP
출판본부장 | 이선정
편집주간 | 김동욱

주　　소 | 서울특별시 중구 청파로 463
기획출판팀 | 02-3604-556, 584
영업마케팅팀 | 02-3604-595, 562　FAX | 02-3604-599
H | http://bp.hankyung.com　E | bp@hankyung.com
F | www.facebook.com/hankyungbp
등　　록 | 제 2-315(1967. 5. 15)

ISBN 978-89-475-4930-1　73410

책값은 뒤표지에 있습니다.
잘못 만들어진 책은 구입처에서 바꿔드립니다.